En bok

från

SKOGSTOKIG FÖRLAG

SKOGSTOKIG FÖRLAG

Presenterar...

(Boken Gud Glömde!)

DEN

SKOGSTOKIGA

BOKEN

2

MURPHYS REVANSCH?

Första upplagan.

Omslagsfoto: Roger Skoog.
Korrekturläsning: Skogstokig, Murphy & Moment 22 med vänner.

Förlag: BoD – Books on Demand, Stockholm, Sverige.
Tryck: BoD – Books on Demand, Norderstedt, Tyskland.

ISBN: 978-91-8007-519-0

Innehållsförteckning!

1. Inledning!

I den första boken i serien om Skogstokigs kamp mot Murphy och hans dumma motflytslag, *"Den Skogstokiga Boken eller En Dåres Memoarer"* (utgiven 2019 på Solentro), pågick en ständig kamp mot Murphys alla galna påhitt och nycker. En aldrig sinande ström av elände, olyckor, misstag, otur, missöden, katastrofer och allsköns djävulskap, var den stående punkten på dagordningen.

Skogstokigs berättelser är ofta en kombination av skruvad humor, ironi och frustation i en påtvingad symbios. Allt som berättas har (tyvärr) också hänt i verkligheten.

Denna andra bok, fortsätter där den första bokens hjulspår slutade, enda skillnaden är att berättelserna nu kan ha fördjupats eller förfinats något i sina gestaltningar. Berättelsernas takhöjd är också väl tilltagna. Som en Red Bull Vodka med extra vingar, typ! Men det är fortsatt mycket humor och brutalrealism i texterna. Lobotomi med extra allt, när den är som allra bäst, skulle man kunna säga. Böckerna är unika i sin karaktär och liknar egentligen inget annat på marknaden (tack och lov!) och man läser boken helt på egen risk...

Välkommen in i Skogstokigs märkliga värld. Dårskaperna fortsätter och kampen mot Murphys djävulskap går oförtrutet vidare... Spänn fast er, för nu kör vi!

Roger Skoog, oktober 2021!

2. När jag skallade en ängel!

Berättelsen utspelar sig i samband med ett besök i en inredningsbutik. Butiken är från början ett gammalt bostadshus i två plan, där ingen större invändig renovering har utförts under de senaste 50-60 åren, men detta är också en del av själva charmen. Lite som om den moderna butikens ambitioner hade flätat ihop sig med det gamla husets själ. Där den ena halvan inte kan fungera utan den andra.

Inredningsbutiken är utformad likt en utställning med stora mängder av prydnadsföremål, inredningsdetaljer, kläder och diverse andra saker. Lite som en crossover, där en loppis korsats med en utställning, fast med nya saker istället för gamla. Där det mesta är nytillverkat i gammal stil.

Utrymmet för att manövrera sig i de små trånga och överfyllda rummen, var givetvis ytterst begränsat. Men vad kunde gå fel?

Jo, allt kunde naturligtvis gå fel, om oturen höll sig framme! För vanligt folk fungerade detta ändå ganska bra, men för mig var det inte lika lätt. Jag återkommer till detta längre fram.

Man går runt mellan de olika rummen och det kryllar med höga trösklar att snubbla på (vilket man alltid gör), tjocka dörrkarmar att slå huvudet i (vilket man ofta gör) och gamla trägolv som knarrar och sviktar oroväckande. Trappan mellan våningsplanen är fullständigt livsfarlig, på alla sätt och vis.

Ett enda felsteg i den branta, trånga och svängda trappan, skulle sluta med en katastrof av nästan bibliska mått. Varje gång jag är på väg nedför denna trappa, ser jag en välredigerad film spelas upp för mitt inre. I filmen snubblar jag alltid på någon tjusig prydnadsgiraff i glas eller på någon svartmålad smidd prydnadselefant, och sedan roterar jag likt en karusell nedför trapphelvetet, för att sedan, som en trimmad myrslok, dyka med huvudet före, rakt ut genom fönstret på nedre plan. Trappan är konstruerad på så vis, att ett fall alltid kommer att premieras med en smärtsam fönsterpassage på nedre plan. Centrifugalkraften och tyngdlagen sköter detta per automatik.

Först slår man halvt ihjäl sig i själva trapphelvetet, samtidigt som man drar med sig en massa prydnadsdjur i alla möjliga material. Därefter blir man mer eller mindre strimlad av det vassa fönsterglaset och som grand finale, kraschar man likt en övergödd gnu rakt ner på någon förbannad trädgårdstomte gjord av betong.

Dessa förbannade betongtomtar med sina dödsbringande betongstrutar till luvor, står givetvis i all sin ondska, alldeles utanför fönstret i väntan på ett blodsoffer.

Någon gång kanske följande märkliga artikel kan läsas i lokaltidningen:

"Man avled genom krock med trädgårdstomte i betong!

Efter att gått som en slåttermaskin nedför trappan och sedan dykt ut genom fönstret på nedre plan, mötte mannen döden när tomteluvan i betong, först sprättade upp magen och sedan kom ut genom ryggen. Samtidigt färgades tomtens grå betong i en julig blodröd och festlig färg. "

Sedan hänger man där, sönderslagen, strimlad och blodig likt ett nyslaktat murmeldjur, över en flinande trädgårdstomte i massiv gråbetong. Inramningen blir som en tjusig mordscen i Morden i Midsomer på tv. Tjusigt värre! Sedan kommer det väl fram en gullig gammal tant på 96 år och illskriker så att löständerna flyger ut. Precis som alla gamla tanter gör när de råkar på ett blodigt lik, spetsad på en tomteluva i betong.

Nåja, nu drev vi kanske iväg en smula...

Huset är gammalt, gistet, snett och vint, men ändå väldigt charmigt. Hela rasket är som en konstinstallation i sig och jag gillar att gå runt och fotografera alla små figurer, djur, tomtar, änglar, gosedjur, samt allt annat som finns där i stora mängder. Men man måste passa sig, så att man inte drar med sig tjugo porslinsänglar i jackärmen, när man går förbi en hylla. Har varit väldigt nära flera gånger. Detta är en plats där det är lätt att göra fel, med oanade konsekvenser som följd.

Föreställ er en rabiessmittad noshörning inne i en porslinsaffär (inte bra alls). Men byt ut noshörningen mot mig stället, har ni scenariot klart för er. Jag har inte rabies, i övrigt är det ingen större skillnad. Inget bra scenario detta heller!

På övervåningen gungar och knarrar de gamla golvplankorna våldsamt, när man går på dem. Man tror att golvet ska ge vika av kroppsvikten (ja, när man går på plankorna alltså, inte annars) och att man plötsligt ska rasa ner en våning på kuppen, men det händer aldrig. Det hela är som en Trisslott, för plötsligt händer ingenting alls...

Det som annars utmärkte just detta besök, och som berättelsen så småningom ska landa i, var en ytterst märklig händelse. En händelse som givetvis drabbade endast mig, vem annars?

Även om jag orsakade händelsen som sådan, var felet ändå inte mitt. Tyckte att jag rörde mig försiktigt och graciöst, med total kontroll över mig själv och min omgivning. Men detta var givetvis en illusion. För något skulle naturligtvis hända och jag stod som vanligt mitt i händelsernas centrum. Precis som vanligt befann jag mig i stormens öga. Murphy hade krattat manegen...

Jag kom in i ett utrymme, en inbyggd veranda på övervåningen, och där var det som vanligt mängder med grejor placerade på golv, bänkar, hyllor, samt hängande från taket. Saker och prylar, högt som lågt, precis överallt... Vad kunde gå fel? Suck!

Ja vad fan kunde gå fel?

Jag böjde mig ned av någon anledning, kanske skulle jag fixa något med ena skon? Jag hör samtidigt sambon ropa något och reser mig hastigt för att höra vad hon säger, vilket jag naturligtvis inte borde ha gjort. För det var då det hände, det som drabbade mig...

Plötsligt gör det våldsamt ont i huvudet och jag ser en kakafoni av blixtar för mitt inre, samtidigt som jag omedelbart sjunker ned på knä, med händerna kring det smärtande huvudet. Jag hade absolut ingen aning om vad som skett. Men något hade hänt!

Vad hände? Var det domedagen som hade kommit på besök, med början i min arma skalle? Kanske var det en ilsk turist som inte gillade att jag befann mig nere på golvet och därför försökte döda mig med en gipsgjuten elefant i indisk design?

Rasade taket in eller var det golvet som ändå rämnade till sist?

Nej, det hela var faktiskt mycket mer komplicerat än så...

Det enda jag visste, var att jag hade fått ett våldsamt slag i huvudet, med våldsam smärta som följd. Samtidigt som något stort och tungt, även hade lossnat från objektet jag krockat med.

Jag hade greppat tag i det tunga objektet på ren reflex, av bara farten. Men eftersom jag inte kunde se något på grund av den våldsamma smärtan, hade jag heller ingen aning om vad det var för något jag hade fångat i händerna. Och vad hade egentligen hänt?

Ha tålamod kära vänner, jag återkommer till detta inom kort...

Det fanns givetvis folk nära inpå, som i olika grad bevittnade händelsen, men ingen sa något eller försökte hjälpa till. Händelseförloppet var i och för sig snabbt avklarat och jag blev aldrig formellt utslagen, utan gick ner halvt på knä under en ytterst begränsad tidsrymd, innan jag kunde resa på mig och inse att jag åter hade agerat pajas i offentlighetens ljus.

Det såg säkert roligt ut. Men vad jag sa i stunden, är givetvis censurerat i denna text. Skämmer ut mig inför allmän beskådan, det gör jag mest hela tiden.

Men vad hände då, undrar ni säkert, med all rätta?

– Men berätta då människa! Kan vi aldrig få reda på vad du vill säga? Kan du aldrig komma till punkt någon gång, ditt eländiga pucko?

Jo, men ta det lugnt nu, kära läsare... Lugna er!

Okej, jag ska berätta vad som hände:

Jag böjde mig ner för att göra något. Min sambo ropar, men eftersom jag inte uppfattar vad hon säger, reser jag mig snabbt upp och rätar ut ryggen i samma moment, med konsekvens att jag drar huvudet rakt i något som hänger ned ifrån taket, och detta med våldsam kraft. Vad hängde ned från taket, undrar säker många nu? Jo, det var en hyfsad stor skulptur, som vägde ett antal kilo och var förankrad med tunna ståltrådar i taket.

Ganska tung pjäs alltså!

Skulpturen föreställde en flygande ängel (kerub?) som blåste i en domedagsbasun. Ja, eller i någon form av primitiv trumpet. Trumpeten var ganska löst placerad i ängelns händer, men var ändå en bärande del i skulpturen.

Bara trumpeten vägde säkert något, eller några kilo och i denna förbannade trumpet, körde jag naturligtvis huvudet i med full kraft. Det kändes som om någon hade dragit ett baseboliträ rakt i skallen, för kollisionen mellan trumpet och huvud var oerhört kraftig. Kollisionen fick hela trumpethelvetet att lossna och hamna i mina händer, samtidigt som jag försöker lindra smärtan i huvudet med samma händer (har tyvärr bara två händer).

Komplicerat med andra ord. Jag tar tillfället i akt och presenterar några väl valda ord från det runda ordförrådet. Men datorn vägrar sätta dessa hemska ord på pränt, så ni får spekulera fritt istället...

Jag försökte sedan, när jag åter kom upp på fötterna, trots den enorma huvudsmärtan och ett våldsamt stresspåslag, återmontera den förbannade domedagsbasunen i ängelns famn. Det gick naturligtvis inte.

Helvete!

Det var fan i mig helt omöjligt, samtidigt står folk och betraktar mig, precis som om jag var någon form av en ambulerande cirkusföreställning (kanske inte en helt felaktig beskrivning, trots allt?). Förbannade sumpråttor, som bara stod och glodde på gratisunderhållningen, endast någon meter framför dem.

Naturligtvis blev jag ännu mer arg, stressad, irriterad och svettig av detta faktum. Jag hade ont i den bultande skallen och den förbannande trumpeten gick naturligtvis inte att återmontera i den hängande keruben. Något hade gått sönder.

Vet inte vad som var trasigt, men att skalla sönder saker värda flera tusen kronor, är sällan bra...

Men detta var naturligtvis inte mitt fel, för hänger man upp mördarkeruber i huvudhöjd, måste det väl ingå i kalkylen att skiten kan bli utsatt för åverkan. Eller trodde man att alla som kom hit var pygméer och dvärgar?

Jag får alltid sådan här skit i huvudet, var jag än går. Änglar eller annan skit spelar ingen roll. Alltid slår man i huvudet i någon satans dörrkarm, hylla, skylt, stolpe, skåp eller någon annan förbannad skit som sticker ut i huvudhöjd.

Men till slut blev jag tvungen att ställa ned trumpeten på golvet och skamset ta mig därifrån, fortast möjligt.

Kvar hängde ängeln och spelade lufttrumpet... (tänk trumpet, fast luftgitarr, typ!). En något stukad ängel, minst sagt. Men det såg faktisk jävligt komiskt ut. En cool ängel som spelade lufttrumpet, ha ha!

Men när även himlens anhang, i form av änglar går till attack, är det inte roligt längre. Men med Murphy som ledsagare genom livet, kan man inte vara älskad av alla.

Nästa gång jag kom på besök, var kerubhelvetet spårlöst borta...

Visst var väl detta konstigt eller hur?

3. Släpkärran som försvann!

Vi hade åkt till ett stort och välkänt möbelvaruhus i hemstaden för att inhandla resårmadrasser. En släpkärra hade bokats via hemsidan redan dagen innan, och när resårmadrasserna var inhandlade och klara för hemfärd, försöker jag att logga in på appen för att aktivera lånet.

Men då fungerar först inte Bluetooth-funktionen, vilket krävde en omstart av telefonen och därefter var inte servern kontaktbar, men efter ett antal försök kom jag in i systemet. Nu kunde jag äntligen försöka registrera mig i appen och därmed aktivera lånet av släpkärran. Men hur jag än bar mig åt, fick jag upp följande meddelande:

"Det finns inga släpkärror tillgängliga just nu, försök senare igen"!

Vad är nu detta, varför fungerar det inte?

Idiotisk app! Det stod bevisligen flera släpkärror på parkeringen, varför är inte dessa registrerade i systemet? Satans idiotsystem! Förbannelse över alla förbannade appar som aldrig fungerar. Murphy goes IT.

Helt otroligt! Jag hade bokat släpkärran dagen innan och betalat bokningsavgiften. Men trots att starttiden för lånet hade passerat och det stod totalt fyra släpkärror på den aviserade platsen, fanns det ingen släpkärra till mig. Detta är fan i mig inte sant...

"Det finns inga släpkärror tillgängliga just nu, försök senare igen".

Helvete, svetten rinner och pulsen ökar...

Men, varför fungerar det inte? Helvete!

Nu stod vi där som två fån med våra resårmadrasser som vi inte kunde få hem, trots att vi hade bokat släpkärra och gjort allt man skulle göra.

Det var då själva... ARGHHHHH!

Jag krånglade med appen i ytterligare några minuter och gjorde flera fruktlösa försök, men den gick inte att aktivera, för det fanns inga släpkärror. Gång på gång fick jag svaret:

"Det finns inga släpkärror tillgängliga just nu, försök senare igen"!

Det står ju för helvete (ursäkta språket, men nu är det allvar...) fyra släpkärror på parkeringen och väntar, ändå finns ingen kärra att låna? Vad händer, är jag med i dolda kameran, eller vad...? Varför fungerar det inte?

Varför krånglar det, fast jag gör exakt som man ska?

Varför blir det alltid fel? Helvete i kvadrat och kubik, med Pythagoras sats och hela förbannade skiten. Usch!

Murphy, är det du?

Klart att det är!

Grrrrr...

Underbart med automatiska bokningssystem som inte fungerar. Men det beror säkert på någon medfödd bugg i nervsystemet hos mig, vilket får sådant här att krascha. Är inte första gången jag hamnar i situationer där datorer, elektronik och nätverk av alla dess slag, utan synbar anledning börjar krångla eller säckar ihop, i min omedelbara närhet. Jag vet sedan tidigare, att jag stör ut gammaldags analoga radio- och tv-sändningar enbart med min kropp. Jo, så är det! Det räcker att jag råkar närma mig en gammal traditionell transistorradio, för att sändningen ska störas ut ...

Kanske var det samma egenskap som nu hade fått det elektroniska bokningssystemet att krascha?

Felet är säkert mitt eget. Klart det är! Allt är alltid mitt fel, hela tiden, även på udda veckor efter klockan 17:30.

Vem är elefanten i rummet, det svarta hålet i galaxen, eller den komponent som alltid får bägaren att rinna över?

Det är alltid Skogstokigs fel och jag har endast mig själv att skylla, visst är det väl så... eller?

Men problem är till för att lösas och vem löser problemen om inte kundtjänsten? Med vetskapen om att allt kan bli värre, gick jag med raska steg mot kundtjänsten. Jag hade innerst inne förväntat mig att någonting sådant här skulle hända.

Varför då, undrar ni säkert? Vis av erfarenheten över att det alltid blir så här. Det brukar, för det mesta, alltid hända något oväntat, vilket i och för sig brukar vara väntat, om ni förstår... Det oväntade är alltid väntat. Shit happens all the time!

Men det oväntade i min värld, är ofta lika med vad den trogne följeslagare Murphy hittar på i det fördolda. Men nu vidare till berättelsen...

Den första jag får tag i kundtjänsten hade självfallet ingen insyn i ärendet och verkade dessutom måttligt intresserad.

Hon skulle senare bli spindeln i nätet. Tyvärr, borde jag ju säga, eftersom hon med sitt extremt förvirrade ledarskap, kommer komplicera och fördröja allting, mest hela tiden. Illa kommer därför bli värre. Betydligt mycket värre.

Hon skulle nu försöka hjälpa mig att fylla i uppgifterna i appen, trots att jag redan hade gjort detta korrekt, typ tretusenfyrahundrafyrtiotvå gånger.

Men människan lyckas omedelbart radera allt som jag redan hade skrivit in.

Suck och pust!

Men efter att ha försökt knappa in bokstäverna i bilens regnummer på ett felaktigt sätt, typ tre gånger i rad. Trots att jag stod bredvid och bokstaverade bokstav för bokstav, gick det inte speciellt bra och hon gav till slut upp.

DET VAR DÅ SJÄLVA HELVETE...

Det spelade ingen som helst roll att jag försökte få henne att skriva korrekt, för hon kom aldrig längre än till den tredje bokstaven i registreringsnumret som skulle vara ett B, vilket hon av någon anledning inte kunde skriva. Hon skrev Z istället för B, och trots att jag säger till henne att hon felaktigt har skrivit ett Z istället för ett B.

Hon fattade dock inte vad jag menade...

BBBBBBBBBBBBBBBB...!

Men varför förstod hon inte? Hade hon fått löss i hypofysen eller åderbråck i Hippo campus?

Ja, inte omöjligt...

Till slut fick jag själv möjligheten att fylla i uppgifterna och då blev det givetvis korrekt omgående, men sedan kunde hon konstatera att allt jag hade sagt, också stämde, när följande meddelande visade sig igen...

"Det finns inga släpkärror tillgängliga just nu, försök senare igen"!

Varje gång någon försökte aktivera bokningen i appen, kom samma förbannade meddelande upp.

Ett idiotsystem, en idiot-app och en idiotkundtjänst i perfekt haverisymbios. Nu kunde det väl ändå inte bli värre...?

Ett helvetes massa krångel, men jag stod fortfarande kvar på ruta ett och stampade. När jag frågar varför det inte finns någon släpkärra till mig, trots att jag hade bokat korrekt dagen innan, fick jag till svar att en släpkärra var försedd med dubbdäck, att den andra var felanmäld för något fel på bromsarna och att den tredje hade fel på säkerhetsvajern. Vilket knappast var svaret på frågan, men hennes begränsade hjärna förstod inte ens frågan?

Jisses!

Men varför i helvete gick det att boka då...?

Men informationen gällande de spärrade släpkärrorna stod inskrivet i deras datasystem med eldskrift, och när jag undrade varför systemet överhuvudtaget bokar släpkärror som är spärrade i systemet, förstod hon inte vad jag menade, för släpkärrorna var ju spärrade, det stod så i systemet.

Gud hjälpe mig! Varför ska jag alltid drabbas av all förbannade dårskap i hela världen? Förbannade idioter!

Jisses, ibland undrar man hur folk är funtade? Står människan och driver med mig? Kundtjänstfolk njuter säkert av att få driva kunderna till vansinnets rand!

Man undrar ju vilken grundläggande kompetens som krävs för att få anställning i en kundtjänst? Hur ser kravspecifikationen ut?

Fanns det ens någon? Troligtvis inte! För att få jobba i kundtjänsten, krävdes säkert följande (in)kompetens:

Du ska inte förstå någonting alls!

Du ska inte kunna greppa vanliga enkla frågeställningar, som innehåller mer än en komponent!

Du ska svara på frågor som aldrig har ställts!

Du ska undvika att svara på frågor som har ställts!

Du ska lösa problem som ännu inte har uppkommit!

Har inte problem uppkommit, skapa dem omgående!

Lös för guds skull inte grundproblemet, för då kan du inte lösa alla följdproblem!

Låt kunden vara den som kommer med förslag på lösningar, men ta all ära själv!

Blanda gärna in fler personer i problemet, ju fler som rör i grytan, desto fylligare blir soppan...

Ta aldrig ansvar, det är alltid någon annans fel...

Suck!

Men nu kallade hon till sig två andra anställda, som även de jobbade i kundtjänsten. Dessa kompetensresurser kunde givetvis lika lite som hon själv.

Men detta räckte naturligtvis inte, för nu ville hon komma i kontakt med ytterligare en person.

För just denna person kunde säkert lösa problemet. Endast hon och ingen annan, tydligen. Den enda rimliga förklaring jag kunde komma på, var att denna person kanske var utrustad med en fungerande hjärna...

Tre idioter blir aldrig lika med en normalbegåvad person. 0,33 x 3 blir i detta fall aldrig 0.99!

Den ekvationen går inte ihop.

Lika lite som att två enbenta personer skulle bli en tvåbent person, eller att tre enbenta personer skulle bli en trebent person, ja ni fattar!

En idiot x ett = En idiot.

En idiot x två = Två idioter!

En idiot x tre = Tre idioter!

En normalbegåvad person + tre idioter = Tre idioter + en normalbegåvad person!

Men hon var tydligen inte tillgänglig och ingen visste heller var hon befann sig? Förmodligen hade hon flytt fältet, vilket var fullt förståeligt.

Nu kändes det som om livlinan brast en smula. För hur skulle jag kunna få ordning på detta? Livet kändes med ens extremt tungt och blodtrycket hade ju redan slagit i taket. All time high!

Men då skickar kundtjänstkvinnan ut Bill och Bull (kundtjänstkillarna) för att kontrollera kärran med dubbdäck. Ja, för att se om kärran hade dubbdäck monterade, eller inte?

Förmodligen fick de ansvaret att titta på varsitt däck, eftersom det behövdes två personer för att klara av det komplicerade uppdraget. Jag förstod inte upplägget på det hela, men jag förstod att detta skulle ta tid att få ordning på...

Suck!

Under tiden interagerade kundtjänstkvinnan med en annan kollega, utan att detta ledde till någonting överhuvudtaget. Nu var nästan hela kundtjänstens personal involverade i problemet, trots att det fanns många andra kunder som irriterat väntade på att få hjälp. Men eftersom jag och mina problem ofta är väldigt resurskrävande, blir det alltid så här...

Bill och Bull kom tillbaka glada i hågen och meddelande klämkäckt att det fanns dubbdäck på släpkärran. På båda sidor till och med!

Bra!

Detta var kundtjänstkvinnans kommentar till det hela. Nu ansåg hon att spärren på släpkärran kunde avaktiveras, samtidigt som jag tydligt framförde att jag inte åker iväg med en släpkärra, ifall den hade dubbdäck.

Vintersäsongen låg redan två veckor bakom oss, men det var fortfarande dubbdäck på släpkärrorna, trots att det var olagligt att köra med dem.

Vad är det som egentligen händer?

Varför har man ens dubbdäck på en släpkärra den 1 maj?

Minst tre gånger framförde jag mantrat, att jag inte kan köra iväg med släpkärran om den har dubbdäck. Jo, rent praktiskt hade det fungerat, men genererat böter vid en poliskontroll. Det kändes inte lockande att riskera böter för att andra inte klarat av sina åtaganden. Bill och Bull försökte även de få kundtjänstkvinnan att förstå att det inte gick att släppa iväg en släpkärra med dubbdäck, samtidigt som jag funderade över varför människan inte förstod vad vi sa? Alla var ju svensktalande, så varför förstod hon inte?

Varför i helvete förstod hon inte? Hade hon hjärnmask eller inhalerade hon ren thinner som nässpray? Hade hennes två hjärnceller hamnat i konflikt med varandra, eller vad händer? Något fel måste ju vara fel?

Men hon var förmodligen komplett idiot och verkade oförmögen att förstå någonting alls. Förmodligen var det därför hon hade fått uppgiften som någon sorts arbetsledare. Helt otroligt!

Oavsett, var hon den perfekta kundtjänstmedarbetaren med alla sina unika egenskaper, men för mig som kund, påminde hon mer om en mänsklig katastrof... Jisses! Nu tuggade jag nästan fradga...

Kunde jag få hem de förbannade madrasserna på något vettigt sätt. Nej, hemkörning skulle jag bli tvungen att betala extra för... det var då själva helv...

Nu knakade det i huvudet, måttet var rågat flera gånger om. Nu fick det för helvete vara nog.

Men medan jag stod och funderade över hur jag skulle kunna lösa situationen, släppte plötsligt hennes mentala låsning. Hon fick nu en insikt om att släpkärran inte kunde släppas på grund av dubbdäcken... Nu verkade hon ha kommit på något, som vi alla andra hade missat. Halleluja, ett ljus i mörkret. Vi andra suckade tungt. Ja, genuint dum i huvudet, var det... Suck! Hade jag haft en bazooka då, vet man inte hur det hela hade kunna slutat... Men det var då, jag högt och ljudligt, undrade hur i helvete jag skulle få hem resårmadrasserna? Jag var upprörd, arg och nästintill i upplösningstillstånd. Nu fick det vara slut på tramset. Då började de andra genast svamla om något jag inte förstod innebörden av, men det gjorde de inte de själva heller, så det jämnade väl ut sig.

Kontentan av det hela blev att de brainstormade med varandra, för att begripa vad de pratade om... Oklart vad de kom fram till? Ingen visste något om någonting alls, oavsett. Jisses, vilka idioter! Men jag var extremt tydlig med att jag hade bokat en släpkärra dagen innan, exakt för detta ändamål, och när jag skulle hämta ut den, finns det likt förbannat ingen släpkärra.

Hur är det ens möjligt att boka släpkärror som inte är tillgängliga, det ska för helvete inte kunna gå att göra? Detta undrade jag, med stor känsla i rösten (irritation). Vet inte, ifall de förstod själva essensen i frågan, men de förstod att jag var ordentligt förbannad...

Nu förstod de att det var skarpt läge, för nu var fan i mig leken över.

Ge mig en släpkärra för helvete!

Men se där (wow!), nu hittade man en icke spärrad släpkärra i systemet och då såg jag trots allt en liten ljusstrimma i mörkret. Skulle det äntligen lösa sig? Men denna släpkärra kunde jag inte få, för den var bokad till klockan tre av någon annan, fick jag veta.

Vadå, någon annan?

Vad menas?

Vad ända in i helvete!

Vad står människan och säger?

Nu höll jag på att gå i taket av ren ilska, och jag undrade med ökande irritation varför någon oidentifierad kund (som ännu inte hade hämtat ut den bokade kärran) skulle ha företräde till just denna släpkärra, som bokningssystemet hade försnillat mig?

Men även jag hade ju bokat en släpkärra till klockan tre. Nu var klockan typ tjugo över tre, och ingen hade ännu hämtat ut den andra släpkärran, men ändå tyckte aplortsamöborna i kundtjänsten att jag inte kunde få ta denna släpkärra.

Logiken i deras resonemang var inte glasklar... Jag förstod i detta läge inte hur man tänkte, men de tänkte troligen inte...

Speciellt lösningsorienterade var de inte heller. Som mest hade fyra personer från kundtjänsten varit involverade i problemet och alla verkade vara lobotomerade.

Obegripligt hur folk kan vara så förbannat korkade, helt otroligt.

Men jag förstod ju, till skillnad från amöborna i kundtjänsten, att den andra bokningen som dök upp från ingenstans, i själva verket var min egen bokning, som av någon outgrundlig anledning hade kraschlandat på denna släpkärra i deras appsystem. Men ingen annan förstod detta...

Jag var extremt irriterad, och det var inte längre läge att tjafsa emot, utan nu var det jag som talade om för personerna i kundtjänsten vad skulle ske...

Nu ger ni mig en släpkärra, punkt... slutdiskuterat! Gör som jag säger, typ NU!

NU FÖR HELVETE!

Detta innebar att de blev tvungna att flytta på mig i bokningssystemet, eftersom jag tydligen helt plötsligt fanns tillgänglig inne i systemet, men under en släpkärra som inte kunde lånas.

Jag vet inte hur detta var möjligt och det framgick inte vad som stod under den egna bokningen, för jag fick inte se detta. Tydligen var det hög sekretess på detta, eftersom jag förvägrades att se bokningen.

Märkligt!

Min bokning hade troligtvis fastnat på en släpkärra som var spärrad i systemet, samt att den enda kvarvarande släpkärran även denna hade bokats av systemet, troligtvis via min kraschade bokning. Det fanns två, tre eller fyra släpkärror i systemet, men fyra ute på parkeringen, samtidigt som alla kärror var spärrade, trots att en inte var det... Glasklart, eller hur?

Efter tio sorger och åtta bedrövelser kunde kvinnan i kundtjänsten äntligen göra en ändring i bokningssystemet, men inte förrän hon gjorde som den ena kundtjänstkillen (Bill eller Bull?) hade sagt till henne att göra (typ fem gånger, innan hon lyssnade).

Att lyssna och ta till sig, var inte hennes starka sida, därför tog det sin lilla stund att få till det hela. Typ åtta försök, eller något liknande. Jag kokade av ilska...

Svetten rann och pulsen var hög, men nu fanns åtminstone en lösning i sikte. Till slut fick jag loss en släpkärra. Äntligen!

Men då säger den ena kundtjänstkillen (Bull eller Bill?) att detta som nu hade hänt, aldrig hade hänt förut och att han inte heller visste vad som hade hänt, än mindre hur det hade kunnat hända? Jisses! Men det händer ibland saker som inte kan hända och då är det ingen som fattar vad som hände? I alla fall om jag är inblandat och rubbar de grundläggande kosmiska lagarna. Vid dessa tillfällen är det aldrig någon som förstår någonting, allra minst jag själv.

Kundtjänstkillen verkade för en sekund ha dåligt samvete, men detta var en snabbt övergående fas, för sedan sa han att det inte var möbelvaruhusets egna släpkärror, utan Freetrailers.

Vem som ägde släpkärrorna hade knappast något med det undermåliga bokningssystemet att göra, men det är alltid skönt att ha någon att skylla på när man själv inte vill ta ansvar. Detta var verkligen ingen ursäkt, snarare en dålig bortförklaring där man bara försökte skylla ifrån sig...

Nu var det alltså någon annans fel!

Efter mycket slit och släp (Ha! Såg ni vitsen?), löste det sig i alla fall och vi fick äntligen hem våra förbannade resårmadrasser.

Men nu hade redan 45 minuter försvunnit från de två timmar som bokningen gällde, och det blev plötsligt stressigt som satan.

Tro inte att jag fick tillgodoräkna mig tiden för allt krångel, nej, något sådant existerade inte.

Någon kompensation, ursäkt eller förklaring fick vi aldrig, men det var förmodligen lika bra...

4. En man som heter Ove, var arg... på mig!

Personen i berättelsen var mer eller mindre en naturlig förlaga till huvudkaraktären i romanen (och filmen) som lystrade till namnet: *"En man som heter Ove"*. Mannen bodde och verkade dessutom i samma stad i Västsverige, där filmen till stora delar också är inspelad.

Ove var en kombinerad polis, ordningsvakt, chef, vaktmästare och diktator i bostadsområdet där han bodde.

Ove levde i ett lugnt kvarter, men endast en liten bit längre bort i grannskapet, var det betydligt stökigare.

Ove ryste i själen när han tänkte på att misären fanns så nära inpå.

"Varför är det ingen som ordnar upp detta elände", muttrade Ove tyst för sig själv, samtidigt som han med stor irritation i sinnet, plockar upp en gul spade från en röd hink i sandlådan.

"Rena anarkin", viskar Ove tyst.

"Finns det inget föräldraansvar längre?"

I Oves bostadsområde handlade det mest om felparkeringar, trimmade mopeder, klotter, samt ett och annat bilinbrott.

Tillkom gjorde även lite fylla och mindre bråk någon gång, då och då, men för det mesta var det relativt lugnt.

Lugnt för alla, utom Ove.

Inte omöjligt att det var detta Oves förtjänst, men kunde även ha berott andra socioekonomiska orsaker? Vem vet?

Oavsett vilket, var Ove dagligen ute och jagade dessa störande element, som ställde till oreda, kaos och kalabalik i närområdet.

Det kunde handla om felparkerade bilar, cyklar som inte stod korrekt i cykelställen, leksaker som låg utslängda i olika osymmetriska mönster på gräsmattan, olika antal hinkar och spadar i sandlådan, vårdslöst uppställda barnvagnar, samt slarvigt parkerade rollatorer i trapphusen. Men det kunde även handla om barn som stojade och stökade i sina lekar.

"De småväxta oroshärdarna måste stävjas redan i sin linda", tänkte Ove.

Det börjar med ett oskyldigt bråk om en hink och spade i sandlådan, för att sluta med knivrån i den lokala tobaksaffären. Ove såg sådana samband, hela tiden. Ove förstod hur saker och ting hängde ihop. Ja, ni förstår, det var mycket att stå i!

"Men hur i hela världen ska detta sluta", tänkte Ove, mitt i sin stora samhällsgärning. *"Bara kaos och inferno så långt ögat kan nå"*, suckade Ove tyst för sig själv, samtidigt som han försökte åtgärda denna oreda. Anarkin måste stävjas. *"Skall det aldrig ta slut"*, muttrade Ove, lika sur som vanligt...?

Skräpet som låg utanför papperskorgarna kunde vara lika förlamande för Oves själsliga frid, som en terrorist med ett laddat automatvapen var för en vanlig person. Då förstår ni vilket helvete, denna Ove måste genomlida varje dag i sitt Armageddon.

Stackars Ove.

Kanske kunde han hitta ett vilsekommet kolapapper på marken, eller en avbruten blomma. Var det riktig illa, hade en hare varit framme och ställt till med oreda i rabatten, eller så hade en (hemska tanke) byracka lagt sitt visitkort på gräsmattan. Detta var saker som Ove höll reda på och rättade till efter bästa förmåga. Det var hans livsuppgift att hålla ordning i området där han bodde.

"Någon jävla ordning måste det väl ändå få vara", tyckte Ove!

Han gjorde allt det där, som alla andra slashasar inte brydde sig om. Polisen tyckte inte ens att slarvigt parkerade cyklar var något att ta på allvar, Ove darrade av ilska, bara han tänkte på samhällsförfallet.

"Hur ska det sluta", suckade Ove, och torkade svetten ur pannan.

Det kunde handla om anarkister som grillade på balkongen, eller folk som skrattade högt och ljudligt, när som helst på dygnet. Någon kanske råkade prata alltför högt klockan 22:01 en tisdagskväll i juli.

Hemska tanke, Ove knöt sina nävar och svalde hårt, när han tänkte på eländet.

Allt detta gjorde att Ove var tvungen att jobba för högtryck hela tiden. Sommaren var alltid värst. Ove hatade sommaren på grund av allt stök och bök. Bara tanken på en snöstorm i början av februari, fick Oves ögon att börja vattnas.

Men snön ställer ju också till oreda, med snöskottning och sandning...

Ove blev kallsvettig, när han tänkte på alla osymmetriska snöhögar, samt mängder med ojämnt plogade gångvägar.

För inte tala om alla barn som skulle ut i snön och förstöra naturens vackra snötäcke med sina djävulska snölekar, med sina förbannade pulkor och all annan helvetesutrustning i släptåg.

Ove fick ont i bröstet, bara av att tänka på hemskheterna.

Ove gillade inte anarki och folks sedesamma leverne. Ja, det vill säga, folk som skrattade, grillade, pratade för högt, eller som stod och drällde på fel plats.

Varför gjorde inte myndigheterna något åt alla kriminellt skränande barn och all annan samhällsomstörtande verksamhet som poppade upp som svampar i bostadsområdet där han bodde?

Bostadsbolaget och parkförvaltningen gödde även de, den gryende kriminaliteten, eftersom de struntade att klippa gräset, trots att det redan hade blivit 2,5 millimer för högt!

"Det måste väl för bövelen finnas en nationell standard för längden på gräs", tänkte Ove panikartat?

"Helvete" - tänkte Ove, *"nu kan det väl inte bli mycket värre ändå?"*, samtidigt som hjärtat rusade när han såg ett utspottat tuggummi 13,56 meter längre fram på gårdsplanen.

Samtidigt som Ove dagligen måste slåss mot ett samhälle i fullständigt förfall, inser han att det rimligen inte kunde bli värre, det är omöjligt.

"Det kan inte bli värre nu", tänkte Ove och torkade bort en svettdroppe ur pannan.

Men Ove hade fel... för han hade inte räknat med att jag skulle komma och hälsa på.

Nu skulle Oves gränser verkligen tänjas till bristningsgränsen.

Denna gång var det jag i egen hög person som var en Murphy-typ. I alla fall för Ove. Spelet kunde börja...

Ibland var jag på besök i Oves kungarike. Men eftersom det var relativt klent med gästparkeringar i området hade jag hittat fram till en alternativ lösning på problemet.

Jag körde ner med bilen och ställde mig på cykel- och gångvägen, alldeles nedanför lägenheten jag skulle besöka. Med bilens hjul stadigt placerade på gräskanten. Här stod jag inte i vägen för någon, alla kunde obehindrat gå eller cykla förbi med flera meter till godo. Eventuella utryckningsfordon, kunde också komma förbi med god marginal. Inga problem, alltså...

Dessutom låg denna lilla väg på "fel sida" om hyreshusen, det vill säga på yttersidan där det enbart fanns balkonger.

Alla som skulle in och ut till sina bostäder, eller hade ärenden till lekplatsen, parkbänkar och allt annat som hör ett hyreshus till, befann sig alla på hyreshusets andra sida.

En bra lösning tyckte jag, inte förenligt med regelverket förvisso, men vad spelar det för roll när man inte står i vägen, eller blockerar framkomligheten?

Nemas problemas. No shit, no problems!

Jag var på besök, max ett par gånger i månaden, som mest. På vintern ställde jag mig på gästparkeringen, med tanke på snöröjning, snövallar etc.

Men nu var det sommar och jag parkerade bilen där jag brukade. Inget var annorlunda denna gång mot alla andra gånger, men denna gång skulle gonggongen ljuda... högt. Mycket högt. Jag hade hört talas om denna Ove tidigare, men aldrig råkat ut för honom personligen. Hade sett honom på långt håll... och han såg faktiskt ut som en typisk Ove. Men denna gång skulle Ove bli arg på mig, riktigt arg...

Skulle vi gradera Oves kommande känsloyttring i form av kärnkraftsolyckor, ja, då hade vi sett kärnkraftverken i Tjernobyl och Fukushima, tätt omslingrande i en erotisk dans. En strålande uppvisning minst sagt. För nu skulle det bli en känslomässig härdsmälta av guds nåde...

När jag kom tillbaka till bilen, såg jag Ove, som stånkade och stönade ute på den breda cykel- och gångvägen. Han bökade runt med några betongsuggor, som han höll på att baxa på plats med ett spett och även om jag tyckte att själva placeringen på dessa betongsuggor var något märkliga, erbjöd jag ändå Ove min hjälp.

Han slet hårt med den ena betongsuggan, som han skulle ha på plats, alldeles bakom den parkerade bilen. Tyckte att det var märklig plats att ställa suggan på, men jag drog suggan på plats helt själv, med ren muskelkraft, vilket Ove naturligtvis blev ytterst tacksam för.

Ove gillade när folk hjälpte honom med att stävja den rådande anarkin i bostadsområdet. Ove gillade initiativet och såg nästan en själsfrände i min person.

Men när han skulle ha den andra betongsuggan på plats, tyckte jag faktiskt att bilen stod i vägen och jag sa därför följande till Ove:

– Men vänta lite grann, så ska jag flytta på min bil. Den står ju i vägen. Jag kan köra fram den en liten bit, så går det nog betydligt lättare att få betongsuggan på plats, sa jag med skojfriskt ton till Ove.

Förvandlingen var fundamental!

Hiroshima och Nagasaki, ja ni förstår...

När Ove lät förstå att det var min bil som stod parkerad där, exploderade han. Det tog ändå någon sekund för honom att inse att bilen, som han var i full färd med att blocka in med betongsuggor, faktiskt var min.

Han blev genast extremt otrevlig i tonen. Om blickar hade kunnat döda, hade jag legat där raklång på marken, i form av en rykande askhög. Men Ove hade ingen laserblick, som tur var... Men förbannad var han, och det med råge!

Oves tidigare tacksamhet för den hjälpande assistansen, förbyttes omgående till ett svavelosande ursinne. Nu hatade han mig från djupet av sitt hjärta. Inte nog med att jag hade begått närmast en brottslig handling, jag var även en svekfull person, på gränsen till terrorist.

"Dödsstraffet måste återinföras", tänkte säkert Ove, när han försökte hantera sin oförställda ilska.

Ove var dubbelt trippelförorättad. Jag kommer inte ihåg vad han sa, men jag tror att han fick ur sig ganska många personangrepp på otroligt kort tid. Måste nästan ha varit världsrekord.

Själv förstod jag inte varför han blev upprörd, jag hade inte gjort något som han hade med att göra.

Självklart blev jag irriterad av alla verbala påhopp.

Inte blev angreppen mindre när jag omgående ifrågasatte Oves auktoritet, på mitt sedvanliga ödmjuka, men tyvärr ibland alltför raka sätt. På ren svenska betydde det att jag uttryckte mig med en formulering som:

– Vad fan angår detta dig? Varför bryr du dig? Vad har du med detta att göra?

Jag undrade givetvis vilka befogenheter han hade för sitt handlande och varför han överhuvudtaget hade med saken att göra? Han var varken parkeringsvakt, anställd hos kommunen, bostadsbolaget eller var någon sorts kvarterspolis, utan en vanlig simpel hyresgäst. Jag tyckte att han kunde gå hem, istället för att springa runt och leka ordningsvakt.

Dessutom låg cykelvägen och gräsmattan, jag råkade nyttja, helt under kommunens ansvar. Jag stod alltså på kommunens mark, vilket gjorde Oves agerande ännu mer skruvat.

Men i Oves värld fungerade inte gränsdragningen på detta sätt. Det fungerade inte så. Nej, inte så!

Oves raseri innebar att gräsmattan gulnade och brann upp, att trädens löv skrumpnade och förångades, samt att blommorna i rabatterna fullständigt exploderade och dog, samt att asfalten bubblade av den intensiva ursinneshettan. Ove var arg... på mig!

En mental härdsmälta av rent bibliska mått hade inträffat...

Oves ansikte var illrött och han kunde inte längre prata och göra sig förstådd. Jo, att han var arg, rasande och rent ursinnig, det förstod jag ju. Förstod även att alla säkringar hade brunnit i Oves huvud. Nu var det neandertal-Ove som stod där i sin skjorta, och sina pressveckande och hängselförsedda ljusbruna byxor. Ove var inte arg, han var asförbannad, och det var mig han var asförbannad på.

Jag fattade naturligtvis att det inte var någon idé att prata med neandertal-Ove. För nu fantiserade han om att döda mig...

Mord var den optimala lösningen på Oves problem.

Tänk om han kunde döda mig med spettet?

Men Ove hade aldrig mördat någon tidigare och hade inte heller koll på logistiken, när det gällde söliga saker som mord. Var skulle han lägga mig? I grovsoporna, i komposten eller i sopcontainern?

Eller skulle han ta med mig hem och stycka upp kroppen i badkaret, för att därefter skicka ut kroppsdelarna portionsvis i soppåsarna? Men allt detta skulle säkert dra till sig råttor och fiskmåsar ... och lukten sedan, och alla flugor! Och allt blod...

"Helvete! Nej, detta går inte... inget mord!", tänkte Ove!

Ove var gammal, småfet och relativt småväxt. Han var därför inget fysiskt hot mot mig, även om han hade fått dit de båda betongsuggorna, hade jag utan minsta besvär flyttat undan dem, med ren muskelstyrka, så tunga var de faktiskt inte.

Jag hade kunna lyfta bort Ove också, men detta var trots allt att gå över gränsen ...

Man lyfter inte bort en reaktor i sönderfall hur som helst. Inte i Tjernobyl, inte i Fukushima och inte när en reaktor, som heter Ove, är i fullständigt sönderfall. Big no, no.

Jag behövde därför knappast frukta för mitt liv, trots Oves raseriutbrott. Han var ingen mördartyp, och mord var alltför söligt och ställde till ännu mer oreda...

"Mord kan aldrig vara miljövänligt", tänkte en panikartad Ove!

Men jag insåg att det var dags att lämna platsen fortast möjligt och i backspegeln såg jag Ove närmast förångas i sin ilska. Oves molekyler irrade runt i panik och Oves kungarike krackelerade i sina grundvalar. Och felet var... endast mitt.

Ja, Ove var arg... förorättad, kränkt, bortgjord och mer eller mindre detroniserad. Ove var desperat och kände att han hade tappat allt. Han klarade inte ens av att källsortera sina svavelosande och miljöovänliga tankar på ett bra sätt.

Stackars Ove som föll pladask under sin självutnämnda myndighetsutövning. Hans auktoritet blev mer eller mindre förintad. Det stod förmodligen mängder av folk bakom gardinerna i lägenheterna och smygtittade. Folk som applåderade och jublade i smyg...

Nästa gång jag besökte området ställde jag mig faktiskt på gästparkeringen, bara för säkerhets skull. Det är dumt att utmana ödet i onödan.

När jag sedan tittade på platsen där jag hade parkerat vid förra besöket, såg jag mängder med betongsuggor, stora stenar och skyltar med mera, som effektivt omöjliggjorde parkering just där... inte ens en stridsvagn hade tagit sig fram.

Vafalls, hade kommunen eller bostadsbolaget varit ute och gjort en åtgärd? Öhhh, nej, det var Ove som hade gjort en åtgärd...

Men ingen av åtgärderna var självfallet sanktionerade eller följde någon laglig rekommendation.

Nej, det var en man som heter Ove som hade varit i farten...

Han hade i all sin ilska släpat dit fem-sex betongsuggor för att hindra terrorister som mig att parkera där. Man undrar var han hittade dessa betongsuggor?

Kanske hade han köpt på sig några ton betongsuggor från ett överskottslager någonstans och därefter staplat dem i källarförrådet, för akutinsatser som just denna?

Men Ove försvann av okänd anledning, helt från arenan en kort tid efter vår konflikt. Om han dog eller fick en stroke, är okänt.

Försvann gjorde han i alla fall och det var säkert mitt fel att Ove försvann. Ove var knäckt och hans glansdagar var för alltid över.

Kungen var störtad, knäckt eller död.

Händelsen har nu fått en del år på nacken, så om Ove ändå hade varit i livet idag, hade han nog varit död i vilket fall som helst ... ja, ni förstår (eller inte?).

Men när Ove försvann från tronen hittade jag snart en ny alternativ parkeringsplats vid besöken i bostadsområdet, och varken den gamla eller någon ny Ove dök upp för att korrigera mitt uppträdande, ingen annan heller...

5. Reseskildring från Öland!

Det var sommar och Öland var semesterns resmål. Vi tältade norr om Borgholm. Bredvid campingen fanns en lövskog med ett stort ihålig träd. Kommer inte ihåg ifall trädet var dött eller om det fortfarande levde, men en vuxen person kunde utan större besvär gå in i trädet. Det var häftigt förstås och barnen tyckte också detta var roligt och även jag själv blev stamgäst för en stund. Fascinerande och häftigt, på en och samma gång.

Jag fotograferade trädet som det var, samt olika motiv där barnen poserade. Vid tillfället hade jag en analog systemkamera, med filmrulle på 24 eller 36 bilder. Så länge sedan var det alltså!

Tog många häftiga bilder på trädet, både med och utan barn, men vad tror ni hände på fotolabbet? Jo, de lyckades naturligtvis förstöra 80 % av negativen, vilket i klartext betydde att nästan alla bilder var fullständigt förstörda. Detta tyckte fotolabbet var värt en ny filmrulle i kompensation. Jävligt surt!

Inte första gången detta hände heller. Första gången var när min ena son var nyfödd, då fotolabbet lyckades förstöra även dessa ovärderliga bilder. Även denna gång blev det en ny filmrulle i kompensation. Det var alltså negativen man förstörde genom sin inkompetens, övriga framkallade icke förstörda bilder, fick man givetvis betala för! Idioter!

Men åter till berättelsen. Bredvid campingplatsen fanns även en inhägnad äng ute på en udde. Vem som helst fick gå ut där, bara man stängde grinden efter sig.

Jag knallade vid ett tillfälle ut på udden för att bevittna den vackra solnedgången. Men efter ett tag kom det plötsligt ett tiotal nötkreatur springande rakt mot mig. Jag kunde dock inte avgöra ifall det rörde sig om ungtjurar eller kvigor. Lusten att bli instängd eller attackerad av nyfikna kreatur var givetvis låg, men stressnivån var desto högre. Alla djuren sprang rakt mot mig med hög fart, och känslan att snart bli nedsprungen var omedelbar.

Men djuren var bara nyfikna av sig, vilket kan vara illa nog ibland. Hela flocken tvärstannade plötsligt endast någon meter framför mig och alla nöten råstirrade på mig. Kunde inte avgöra deras avsikter fullt ut. De var verkligen nyfikna, men var det verkligen allt, eller hade de även en dold agenda? Det var förvisso ingen ko på isen, men närapå!

Jag ville så snabbt som möjligt gå tillbaka för att komma ur hagen, men kreaturen stod i vägen och vägrade resolut flytta på sig. Riktiga knäppa nöt hela bunten, var de.

Djuren fortsatte råstirra och situationen var ytterst svårläst. För att kunna ta mig därifrån var jag extremt tydlig. Inga snabba rörelser. Tittade även bestämt mot djuren. Ville inte visa upp någon rädsla eller nervositet och riskera trigga igång något spektakel. Tydliga kroppsrörelser och ingen rädsla.

Att råstirra möjliga ungtjurar rakt i ögonen, var alltså strategin... Hmmm! Kanske inte fullt så optimalt, ändå! Men det fungerade.

Jag talade även till djuren med lugn och tydlig röst. Gick samtidigt med lugna, men kraftfulla steg mot räddningen. Kreaturen följde givetvis efter i samlad trupp, endast några få meter bakom. De undrade väl vad jag var för en filur?

Att springa var uteslutet, för då hade även kreaturen sprungit, med konsekvenser som jag inte längre hade kontroll över. Till slut nådde jag fram och kunde äntligen lämna hagen. Då ställde sig återigen kreaturen för att råstirra på mig. Men nu kunde jag i alla fall unna mig lyxen att räcka ut tungan åt de förbenade nöten. Förmodligen var det aldrig någon fara, men man vet ju aldrig. Sedan fick jag reda på att bonden som använde denna äng, släppte ut djuren där varje kväll, men denna information fanns inte att tillgå någonstans. Det var någonting man tydligen bara skulle känna till. En skylt hade varit på sin plats, kan man tycka. Suck!

Ett riktigt nöt den där också, ja bonden alltså!

En annan händelse jag kommer ihåg, inträffade på Ölands norra udde och fyren Långe Erik, sommaren 1973. Då var det en fullskalig invasion av nyckelpigor och luften var fullkomligt svart av dessa små skalbaggar. Tusentals och åter tusentals med nyckpigor som svärmade.

Nyckelpigorna var uppe i ansiktet, i håret och de små liven var otroligt aggressiva. De bet, krälade och kryllade över hela kroppen, skulle in i både munnen och näsan. Upplevelsen var både otrevlig och skrämmande på samma gång, det var lite som en skräckfilm. Denna mäktiga upplevelse har stannat kvar i minnet, trots alla år som har förflutit.

Apropå fyrar, var vi många år senare åter vid en fyr på Öland, kanske var samma fyr?

Vi stressade upp för fyrens branta spiraltrappa. Jag först och barnen alldeles efter. Vet inte varför det var så bråttom, men stora horder av turister tryckte på bakifrån (ja, i trappan alltså...), därför pinnade jag väl uppför den branta trappan så snabbt jag bara kunde. Min hustru stod kvar nere på marken.

Stressad och trött såg jag äntligen ljuset från dörröppningen endast några trappsteg längre upp. Tog därför ett par rejäla älgkliv, bara för att kunna forcera sista etappen ännu snabbare.

Ljuset i tunneln... nej, i trappan menar jag, var äntligen inom räckhåll. Jag kände stressen bakifrån av alla flåsande turister (nej, de var fortfarande bakom i trappan och flåsade bara av den fysiska ansträngningen... ingenting annat). Men då, precis då, svartnar det fullständigt och jag faller ihop i trappans övre del.

Ridå! Game over!

Tilt! Over and out!

Det kändes som huvudet skulle ramla av. Jag tittar upp med kisande ögon och med ett våldsamt sprängande huvud och vad ser jag då?

Rakt ovanför dörröppningen, hade någon hjärndöd och lobotomerad orangutang, tejpat upp en svartgul varningstejp, samt monterat en skylt med följande viktiga budskap:

"Varning, akta huvudet! Låg höjd".

God morgon och god natt! Orangutangidioten hade monterat varningsskylten där ingen normal människa någonsin tittar, när man går uppför en brant trappa. En synnerligen felplacerad skylt kan tyckas, för det som hände var att jag körde huvudet rakt i en förbannad stålbalk.

Med våldsam kraft i och med den forcerande uppåtgående rörelsen, körde jag huvudet i balken med en kraft av en stångande bergsget med påslagen turbo.

Ivrig som en impalaantilop som jagas på savannen av ett hungrigt lejon, försökte jag att ta dessa sista trappsteg med några snabba kliv.

Jag slår skallen rakt i balken och faller genast ihop som säck potatis. Jag ligger därefter och gnyr i trappan.

Turisterna i trappan bakom mig, undrar naturligtvis varför det blev tvärstopp? Vad hände och varför ligger han där och dräller? Är han full, trött eller gick han in i ett akut vegetativt tillstånd, vad fan hände?

Barnen blev irriterade på mig, nu när jag låg som en jämrande hösäck och blockerade hela trappan. Jag fick därför skicka förbi barnen på något vis och omgående försöka ta mig upp på fötter själv, trots att huvudet dundrade och for.

Kunde nästan inte gå de sista trappstegen ut på fyrens utsiktsplats. Jag såg dubbelt, mådde illa och stapplar som en drucken ut genom dörren.

Det första jag ser när jag kommer ut i den friska luften, är den yngsta sonen, som mer eller mindre, hänger ut över räcket för att vinka till sin bekymrade mamma långt därnere.

Men jag kunde, tack och lov, reda ut det hela inom några få sekunder, för det är verkligen inte optimalt att ett barn ligger som en hävstång uppe på ett räcke ca 30 meter över backen. Nej inte optimalt på något sätt.

Utsikten kunde kvitta och när jag kom ner igen, blev jag naturligtvis utskälld av en upprörd mor som ansåg att jag hade varit synnerligen oansvarig, eftersom jag inte ens kunde hålla ordning på mina egna barn. Suck! Hur man än gör är arslet ändå därbak, som det så fint heter. Vet inte vad som menas med detta, men skit samma! Det är inte lätt att vara en bra förälder, när man knappt klarar av att stå på benen efter ett våldsamt slag i huvudet. Förmodligen hade jag drabbats av förstadiet till en hjärnskakning. Inte så farligt, men illa nog.

Men mina skador var det ingen som brydde sig om, varken på plats eller efteråt. Livet kan ibland vara lika hårt som en tonårserektion. En normal person hade garanterat fått dubbelsidig hjärnskakning med extra allt på kuppen, men jag är inte direkt normal.

Det som inte dödar... ja, ni vet!

Slår man i huvudet så kraftigt att svimningen nästan knackar på, är det inte lätt att sekunderna senare flyga fram som en beskyddande ängel. Klart att jag försökte så gott det gick, men jag kunde knappt stå på benen, de närmsta minuterna efter slaget.

Ändå gjorde jag det, fanns inget annat alternativ...

Men detta är den genomgående symboliken i mitt liv! Vad jag än gör, går det oavsett åt helvete (hej på dig, Murphy!). Detta är Skogstokigs livsöde. Men varför inte bara skratta åt skiten nu när det har gått några år...

Ha ha...!

6. Reseskildring från Gotland!

Efter en lång bilfärd, från Dalsland i väst till Nynäshamn i öst, kom vi så ombord på Gotlandsfärjan och kunde äntligen pusta ut. Men nästan det första vi ser ombord var en busslast med folk från hemorten. Av sommarens alla dagar, hade vi ovetande om varandra, bokat överresan till samma dag och klockslag.

Jag blev småirriterad, eftersom detta fenomen inträffar hela tiden. Men visst, världen är inte större!

Folk åker till otillgängliga kannibalstammar i Papua-Nya Guineas djungel, endast för att konstatera att grannen redan är där på grodsafari. Man blir uppsugen av en tromb och råkar omgående på en gammal skolkamrat. Hej hej, det var länge sedan, kul att ses!

Tänk om man vore den sista människan på jorden. Helt ensam kvar. Vad skulle man då göra? Man knallar kanske ner till närmsta krog för att dränka sina sorger en gång för alla? Spriten är ju gratis, lika bra att passa på. Men vad tror ni händer då?

Jo, då råkar man troligtvis på en annan människa, som tänkte exakt samma sak. Du var alltså inte den sista människan på jorden, ni var två kvar.

Det visar sig att den andra personen är din gamla slöjdlärare Leif, som även han hade överlevt. Ett scenario som innebär att du genast vill dö.

Leif däremot blir jätteglad, för nu kan han prata om olika rubankar, raspar, stämjärnsslipningar, hyvelspån och avancerad figursågning under de närmsta 18 timmarna... Men åter till Gotlandsresan...

Passagen förbi Blå Jungfrun var lika vacker som naturskön, vilket även gällde för åsynen av ett solindränkt Visby, med ringmur och hela skiten. Bedårande utsikt, minst sagt!

Vi hade ca fem dagar på oss att utforska ön med bil, från norr till söder och öst till väst. Vi tältade i Kneippbyn söder om Visby, alldeles vid havet.

Nu skulle vi utforska alla sorters fornminnen, raukar, ruiner, Fårö, Stora Karlsö och inte minst Visby, med sin stora pampiga ringmur.

Vi besökte Langhammars raukområde på Fårö, Hoburgsgubben i söder, Gannarve skeppssättning i Klintehamn, ruinen efter St. Karins katedral i centrala Visby (där bl.a. Antikrundan har spelat in flera program), samt många andra historiska, bedårande och natursköna platser på denna otroligt vackra ö i Östersjön och...

"Hallå! Vad fan händer? Blev det en reseblogg med en massa puttenuttiga reseskildringar och annat trams nu?"

– Ja, kanske det? Jag kan ju inte ställa till det för mig hela tiden, allt går inte heller åt fanders jämnt och ständigt, ofta men inte hela tiden. Så ta det lugnt och läs vidare, för kanske kommer det hända något senare, vem vet?

Jo, jag vet, men inte ni... Läs vidare, sa jag ju... och...

... vill man åka utomlands, men ändå stanna kvar i landet, är Gotland ett givet resmål. Det kändes nästan som om vi hade hamnat på något exotiskt ställe långt nere i Europa. Av Östersjöns tre stora öar (Gotland, Öland och Åland), är Gotland totalt outstanding. Gillar man Öland, då är ändå Gotland tjugo gånger häftigare på alla sätt och vis. Ölands unika natur med t.ex. alvaret finns ju även på Gotland (inte lika stort, men ändå), fyrar och väderkvarnar likaså.

Gotland är så mycket mer, ja det är min åsikt!

– *En reseskildring... oh, my good.., nu har det väl spårat ur fullständigt,* hör jag någon sucka därute*!*

– *Nej, det har det inte alls gjort, läs vidare säger jag...*

En annan häftig upplevelse var Lummelundagrottorna. Först var jag och rotade runt inne i den naturliga grottöppningen, där enligt ryktet, Sveriges största spindelart ska härbärgera. Vet inte sanningshalten i detta påstående, men för någon som hade spindelfobi som liten, var detta kanske inte direkt optimalt.

Nyfikenheten tog ändå överhand, men jag såg aldrig spindlarna (som tur var), när jag halkade runt på de hala stenarna i grottans mynning, samt en bit in. Jag tittade mig noga omkring för varje steg. Ett spindelnät i ansiktet hade inte alls varit något bra, där och då.

Omgivningen däremot hade säkert blivit roade. En fullvuxen man som gallskrikande tokrusar ut från grottan och halkar omkull i det kalla vattnet flera gånger, hade nog varit mycket roande. För alla utom mig själv!

Det hela hade säkert slutat på sjukhus eller dårhus, för egen del. Men nu blev det inte så! Både jag och Murphy höll sams för en gång skull. Allting flöt på utan större krångel eller problem. Lugnt och fint, utan spektakel och missöden i parti och minut. Det var semester och nu skulle vi inte skämma ut oss.

Med oss, menas naturligtvis jag själv i egen hög person. Själv brukar jag aldrig skämmas, eftersom all energi går åt till att reda ut de olika situationer jag alltid hamnar i, men åter tillbaka till resebloggen... (eller vad fan denna text nu ska kallas?).

Den guidade visningen i Lummelundagrottan gick dock, via en mer behaglig och tillrättalagd ingång, än den naturliga jag tidigare hade besökt. Det blev ett intressant besök nere i den kalla och fuktiga underjordsvärlden, med alla sina stalaktiter och stalagmiter. Och jag hade inte sönder en enda av dem (Wow, eller hur?).

Vid vårt besök, var dykare i färd med att utforskade nyupptäckta grottgångar. Totalt fyra kilometer långa grottgångar fanns det.

Ett spännande och intressant besök på många vis. Men när dessa rader skrivs, kanske fler grottgångar har dykt upp. ... dykt upp och dykt ner, ja ja!

"... kör vidare med den förbannade resebloggen och Gotlandsspecialen då!"

– Nej, detta är för helvete ingen reseblogg. Håll klaffen och läs vidare...

Jag inhämtade många positiva intryck från Gotland, och båtturen ut till Stora Karlsö var även den intressant i all sin äventyrlighet. Vilket även gäller själva besöket på det populära resmålet, där vi promenerade upp till fyren och vandrarhemmet längst upp på ön.

Som kuriosa kan nämnas att Stora Karlsö, med fyr och vandrarhem, även var inspelningsplatsen i en Maria Werndeckare, för några år sedan. Ön är också Sveriges mest fästingrika plats (har jag hört), samt ett naturreservat, där fåglarna har större rättigheter än vi människor (dit jag troligtvis räknas).

På Stora Karlsö fanns vid tiden för besöket ett enda fordon, en gammal Volvo 245 som körde upp folks ryggsäckar och väskor till vandrarhemmet. På denna ö hade naturen och djurlivet exklusivt företräde, och människan fick endast komma dit på besök. Fast då helt på djurens och naturens egna villkor. Man kunde därför inte gå omkring och drälla hur som helst...

Det finns många skäl för att besöka Stora Karlsö. Utsikten, naturupplevelsen, det rika fågellivet, de blommande alvarängarna eller öns rika historia med flera...

– Ja, ja! Jag får väl bjuda på lite spektakel i alla fall då, för här kommer lite av det vanliga spektaklet som oftast kännetecknar mina berättelser! Var så goda, gott folk! Nu kör vi enligt gängse koncept. Ja nu jävlar...

Själv blev jag våldsamt attackerad av en drös häckande sillgrisslor, när jag skulle ta mig in i den mytomspunna smuglargrottan bredvid den lilla hamnen. Ja hamn och hamn, en brygga och någon sjöbod är snarare en mer korrekt beskrivning.

Stora mängder av dessa helvetesfåglar störtdyker aggressivt mot mitt huvud, samtidigt som jag lydigt halvspringer med sänkt huvud på det anvisade stråket mellan två avspärrningar.

Sillgrisslorna skrek, sket och attackerade mot våra huvuden.

Jag var bland de längsta i vår lilla grupp, och blev på så vis också det största upplevda hotet, av oss alla...

Man fick känslan av att vara i inne i Hitchcocks klassiska film: **"*Fåglarna*"**.

Övriga besökare kom av någon anledning, betydligt lindrigare undan än vad jag gjorde, därför stack jag åter ut på ett negativt sätt i min omgivning. Folk stirrade på mig, som om felet per automatik var mitt eget.

De stod som ett gäng testikelamputerade gnuer och blängde surt på mig. Självfallet var det Skogstokigs eget fel att öns alla förbannade fåglar, plötsligt blev förbannade... på mig.

Det var då förbannat!

Men fåglarna skyddade endast sina ägg och revir. Varför just jag skulle rubba den naturliga balans som rådde på Stora Karlsö, endast via min fysiska närvaro, ja det förblir en gåta? Men det var mig de var arga på...

Men förmodligen rubbar jag alla normala ekosystem var jag än befinner mig. Direkt när jag kliver i land på en ö, kollapsar hela förbannade ekosystemet i sina beståndsdelar. Räcker att sätta en fot i land – ka bong, och artontusen år av evolution är förstört.

Nåja, åter tillbaka till berättelsen...

Till slut nådde jag fram till grottan, och vandrar in ett tiotal meter i den. Man såg inte mycket där inne, vilket kanske var tur. Efteråt har jag fått reda på att Sveriges största spindel, Grottspindeln, har hittats i Stora Karlsö's grottor. Det var ju själva helvete, där också? Spindeln blir tydligen upp till åtta centimeter. Den spinner stora vita äggkokonger, vilka hänger i grottans tak och som till formen påminner om glödlampor. Om jag sett detta, eller fått spindelhelvetet i huvudet, hade jag verkligen varit med i en skräckfilm på allvar, det vill jag lova. För även om jag inte har någon spindelfobi längre, är detta ändå långt över gränsen.

En spindel i huvudet och en gallskrikande vuxen man hade garanterat rusat rakt in i fågelflockens revir, trampat sönder mängder med ägg, vilket troligtvis hade rubbat hela Gotlands ekosystem i deras grundvalar för minst 500 år framåt i tiden. Hade jag inte dött av ren skräck, hade jag istället fått ögonen utklösta av hundratals heltokiga fåglar som givetvis skulle ha attackerat mig med full kraft.

Nu hade med all säkerhet även Aftonbladet och Rapport fått dagens headlines:

"Katastrofzon Gotland: Helgalen dåre från Dalsland trampar sönder hundratals fågelägg med en stor spindel på huvudet, samtidigt som han skriker likt en fullkomlig galning och för att sedan försvinna i en fågelattack av tidigare ej skådad omfattning!"

Jisses, vilka rubriker det hade blivit, men nu det blev inte så, tack och lov. Åter till resebloggen...

Även den engelska kolerakyrkogården på Fårö fick besök. Här ligger ett tjugotal engelska örlogsmän som dog i kolera år 1854, begravda...

Men detta var i alla fall inte mitt fel!

Anledningen till det kulturtyngda besöket uppstod mer av en slump. Själva huvudanledningen till stoppet berodde på att vi var lika kissnödiga som fikasugna. Därmed råkade vi hitta fram till denna natursköna begravningsplats av en tillfällighet. Vi "raukade" bara hamna där, så att säga. Själv var jag mer pissnödig än fikasugen, men tack vare en överfylld blåsa, kunde jag ändå få införliva lite ny kunskap i hjärnbarken. Pissa och bli kulturellt berikad på kuppen...

Men nu ska jag avslöja en hemlighet, eftersom jag vid ett (!) tillfälle, medvetet gjorde något riktigt otillåtet. Turister kan alltid tänja på olika regler och lagar, vilket jag var ett strålande exempel på. Vi var inne i ett museum (Fornsalen) i Visby och där fotograferade jag ett 7-9000 år gammalt skelett (Stora Bjersmannen) som låg och vilade i sin glasmonter. Jag fotograferade trots stora skyltar om att det var absolut förbjudet. Man skulle istället köpa ett vykort på skelettet, men jag ville ju ha ett eget foto. Fotograferade därför skelettmontern, trots att det fanns personal i närheten, men de märkte aldrig något.

Jag fotograferade, helt obekymrad om hustruns alla protester och förmaningar. Jag gjorde detta som sista punkt på besöket, för det värsta som skulle kunna hända, var att bli utkastad. Men jag hade redan kollat på allt intressant, så det spelade mindre roll.

Detta var knappast något brottsligt... eller, jag vet inte... det är preskriberat nu i så fall...

Jag hade aldrig sönder något. Välte varken glasmontern med Stora Bjersmannen, eller något annat. Jag var riktigt ordentlig, bara lite olydig. Men jag var ju turist.

Ingen större dramatik ännu i resebloggen (!) kan man tycka, men nu kommer själva knorren på historien. För självfallet gick det inte vara på Gotland i fem dagar utan att hitta på något riktigt annorlunda, det hade varit en bragd i sig, men nu råkade faktiskt något hända...

Nu när vi äntligen hade kommit till Gotland, ville vi naturligtvis utforska det gamla Visby. Hela den gamla staden innanför ringmuren skulle undersökas. Vi knallade omkring uppe på själva murkrönet, vi spankulerade på gräsmattorna utanför ringmuren och vi strosade fram och tillbaka på gatorna i det gamla Visby.

Under flera dagar passerade vi ringmuren och in i det gamla Visby. Jag tyckte folk tittade konstigt på oss ibland, men så är det ofta. Inget konstigt i min värld. Den tredje dagen vi körde in i gamla Visby, såg jag dock plötsligt skylten!

Vilken skylt, undrar ni självfallet?

Jo, den specifika skylt som talar om att man inte fick färdas med bil innanför ringmuren, utan specialtillstånd. Tillstånd som turister naturligtvis aldrig kunde få... hmmm!

Helvete...

Vet inte hur regelverket ser ut idag, men på den tiden fick man inte köra bil innanför ringmuren utan speciellt utfärdade tillstånd. Men detta hade jag ju gjort i flera dagar, utan varken böter eller tillsägelser. Vi hade inte sett något skylt!

Jag kommer inte ihåg att jag betalade någon parkeringsavgift överhuvudtaget. Utanför ringmuren var parkeringen avgiftsbelagd, men innanför var det helt gratis.

Jag tyckte att det var praktiskt, även om det kändes lite konstigt.

Jag hade hört att det skulle vara svårt att hitta parkeringsplatser i Visby, men det fanns ju lediga parkeringsplatser överallt på de gamla kullerstensgatorna.

Det var bara att parkera bredvid något flådigt medeltidshus och vandra iväg. Man kunde även köra runt på de gamla gatorna innanför ringmuren. Folk knallade omkring på de gamla gatorna, men fick givetvis flytta på sig när jag kom körande. Nej, jag tutade inte...

Trafiken var gles och det var gott om plats, trots de smala gatorna. Perfekt tyckte jag. En del folk såg förbryllade ut, andra verkade småirriterade, men det var aldrig någon som sa något. Några poliser eller parkeringsvakter, såg vi inte heller till.

Oavsett vilken tid på dygnet vi körde runt med bilen i gamla Visby, fick vi köra och parkera helt ostört.

Det blev ju ett antal besök därinne med bilen... Vi pratar inte heller om korta besök, utan nu pratar vi om flera timmar... vid varje besök. Detta var väl anledningen till att folk hade tittat stint på mig. De undrade säkert varför turistidioten körde omkring därinne utan giltigt och synligt specialtillstånd?

Som turist på semester går det alltid unna sig ett litet annorlunda beteende mot hur det är i normala fall. Är det semester, så är det semester... ja, annars är det ju ingen semester, eller hur?

Det enda jobbiga med denna semestertripp var hemresan. Vi tog sena kvällsfärjan från Visby, och under resans gång blev det rejält mörkt. Det regnade smådjävlar (konstant spöregn) och de andra i bilen satt och sov. Då kändes det jobbigt för ett tag. Men när klockan var typ tre på morgonen och det var ca 10-12 mil kvar hem, såg jag plötsligt ett halvt rådjur sitta i mittvajerräcket och titta på mig. Vi fick ögonkontakt med varandra på något vis.

Det döda djuret stirrade på mig med sin tomma och själlösa uppsyn, medan inälvor och annat hängde ut där kroppens bakdel annars skulle ha börjat.

Bakdelen på rådjuret hade troligtvis en lastbil slitit med sig, genom att använda vajerräcket likt en vass kniv, men åsynen av ett halvt, dött, blodigt och stirrande rådjur i vajerräcket hade ändå en viss uppiggande effekt...

7. Tankningen som gick fullständigt åt helvete!

På väg hem från jobbet svängde jag in på den lokala OK-Q8-tappen, stoppade in bensinkortet i automaten och tankade bilen som vanligt. Jag hade egentligen inte behövt tanka denna dag, men med tillfälligt sänkt bensinpris, passade ändå jag på att fylla tanken.

Något jag INTE skulle ha gjort!

Innan jag påbörjade tankningen, anlände ytterligare en bensintörstande kund. Den andra kunden (hädanefter benämnd som Murphy) använde den parallella pumpen på andra sidan.

Murphy kom igång med sin tankning någon minut innan jag själv kom till skott. Jag blev fördröjd av någon anledning, men kommer inte längre kommer ihåg varför? Men vi avslutade i alla fall tankningen synkront och hängde tillbaka tankmunstyckena exakt samtidigt. Det skedde faktiskt på millisekunden, något som kommer att ha stor betydelse för fortsättningen.

När jag sedan fick ut kvittot för tankningen ser jag något ytterst märkligt, något som också gör mig upprörd. Jag hade blivit feldebiterad och istället fått Murphys tanknota efter fullgjord tankning.

Helvete...

Själv hade jag tankat ca 10-15 liter, medan Murphy tankade nästan full tank, vilket blev ca 500 kr mer för mig att betala. Händelsen inträffade för över femton år sedan, och 500 kr var därför en hyfsad stor summa.

Surt sa räven och käkade upp alla rönnbär...

Helvete, det här är inte sant!

Jo, det var sant och jag blev omgående mörklila i sinnet. Jag gick med raska steg in till kassörskan för att förklara det som hade hänt, vilket jag redan på förhand insåg skulle bli problematiskt. Det jag hade råkat ut för, kunde normalt sett inte inträffa och nu hade jag av någon obegriplig anledning, likt förbannat, blivit drabbad av det som inte kunde inträffa.

Att drabbas av det som inte kan hända, händer mig ibland av en ren händelse. Att reda ut händelsen blir, av en händelse, alltid väldigt händelserikt. Det är förvisso ovanlig att detta händer, men det händer ändå ibland... och nu hade det alltså hänt.

Mitt problem var att jag inte kunde bevisa ett skit av det som jag skulle komma att påstå, dessutom fanns det inte någon självklar logisk förklaring till varför felet uppstått. Ett besvärligt läge således.

Jag visste att jag hade en tung uppgift framför mig, en närmast omöjlig uppgift kan tyckas... Det kändes nästintill omöjligt att förklara det omöjliga.

Men det är i dessa situationer man knyter nävarna, svär så att det osar och försöker se ut som en psykotisk massmördare. Det hjälper givetvis inte, men det känns bättre...

Murphy, den grisen, hade givetvis redan åkt iväg och det är oklart om han ens uppfattade att han hade fått 500 kr i bonus? Men med tanke på hur fort han försvann från platsen, var det väl inte helt omöjligt?

Mina enda trumfkort inför den kommande argumentationen, var att jag jobbade på orten, samt att jag var stamkund. Dessutom hade kvinnan i kassan troligtvis ett visst hum om vem jag var, eftersom bygden var ganska liten och alla kände alla, på något märkligt sätt. Alla som kommer från någon mindre ort ute på landsbygden med mycket inavel, vet ju vad jag pratar om. Själv var jag inflyttad...

Om inte annat brukar alla känna apan och även om apan inte känner någon tillbaka, så vet alla oftast som regel vem den förbannade apan är. Apan i detta fall var – jag själv. Jag har alltid varit den där förbannade apan... Men nu var jag även en arg apa.

Jag var mäkta irriterad och försökte, så gott det gick, måla upp ett begripligt scenario. Trots att jag spekulerade fritt utifrån ett rent logiskt resonemang, verkade kassörskan ändå tro på förklaringen. Alltid något!

Men problemet gick inte att lösa lokalt, därför skulle hon kontakta huvudkontoret i frågan och se vad de hade att säga om saken... och detta gick naturligtvis som förväntat. När jag återkom dagen efter för besked, får jag till svar att de inte kunde hjälpa mig.

Budskapet var att jag skulle vända mig till huvudkontoret och ta problemet direkt med dem. Ingen hjälp att få alltså, men själv är ju bäste dräng, som det så fint heter. Självfallet trodde inte huvudkontoret på min, till synes otroligt ologiska och fantasifulla berättelse. Jag beskrev ett fel som inte kunde uppstå i deras inskränkta värld.

Detta var troligtvis en fullkomlig omöjlighet i deras ögon, trots att jag redan hade listat ut hur det hela gått till. Men för huvudkontoret i Stockholm var jag bara en stollig kund, som kom dragandes med en omöjlig historia.

Scenariot hade gått från dåligt till ännu sämre, precis som vanligt. En normalt funtad person hade givetvis sett det omöjliga i uppgiften. De hade låtit sig bli avspisade, svalt förtreten, tagit den ekonomiska smällen och gått vidare i livet, med den hårt knutna näven i fickan.

Men inte jag, för jag gör aldrig så! Jag knyter bara näven när jag ska slå någon... Nåja, vi går vidare i berättelsen...

Ingen trodde på historien och jag kunde inte heller bevisa något av det jag påstod. Men jag fick som brukligt ett enormt adrenalinpåslag och gick våldsamt i spinn av irritation över denna förbannade oförrätt. För även om 500 kronor var en rejäl slant på denna tid, var det "att inte bli trodd" som sved mest i själen och nu var jag på jakt efter upprättelse. Jävlar anamma! Nu var det rimmade fläsket kokt.

Ge upp, nej, nej, det omöjliga tar endast lite längre tid att fixa, men jag ger aldrig upp... aldrig! Nej, jag gör aldrig så!

Men hur skulle jag gå tillväga för att tackla problemet?

Att ringa till huvudkontoret kändes inte optimalt. Då skulle jag omgående hamna i underläge. Som grädde på moset, skulle jag kanske glömma vissa viktiga detaljer i den känslostyrda (argsinta) argumentationen. Detta scenario var inte alls gynnsamt, därför blev upplägget ett annat.

Jag skrev ned händelseförloppet i ett mejl istället. Där alla relevanta synpunkter togs upp, dessutom bifogade jag teorin om hur det hela kunde ha gått till.

Med detta upplägg kunde jag i lugn och ro, argumentera och föra fram mina åsikter, utan att bli avbruten eller ifrågasatt av någon imbecill näbbgädda i kundtjänsten. Mina chanser att lyckas var betydligt större om uppgifterna fanns på pränt. Jag bifogade även mejlet till någon mupp i chefsposition (förutom till kundtjänsten då) för att få lite mer tyngd i ärendet...

Ha ha, nu jäklar! Nu kunde man inte radera mejlet hur som helst.

Jag kommer ihåg att jag skrev brevet på värsta korrekta byråkratsvenskan, för att de skulle förstå att det inte var vanlig idiot som skrev, utan att det handlade om en idiot som kunde formulera sig ... Det krävdes svenskkunskaper i den högre skolan för att förstå texten fullt ut. Akademisk kanslisvenska var säkert inte kundtjänstens allra starkaste sida.

Jag hade praktiserat detta upplägg tidigare och alltid lyckats i mitt uppsåt, det fanns alltså en viss bärighet i agerandet. Jag är hyfsat bra på att bråka (med det skrivna ordet som tillhygge), om jag anser mig ha rätt och jag viker inte ned mig i första taget.

Nej, jag gör aldrig så!

Har jag aldrig fel då, kanske något inavlat murmeldjur till läsare undrar? Svaret på frågan blir en motfråga:

Lyser solen på natten?

Ja, det är väl klart som fan att solen lyser på natten, den slocknar väl inte på natten? Men hallå... jisses!

Förstår ni? Fattar ni vad jag menar? Eller är ni också inavlade murmeldjur?

Jag kunde liknas med en kanadensisk ishockeyspelare från 1970–80-talen (länge sedan alltså!). För går det inte att spela ut motståndaren på ren skicklighet, får man spela fult istället, eller helt enkelt tackla skiten ur dem...

En akademisk crosschecking rakt i ansiktet brukar alltid fungera bra. Buss på dem bara. Den bärande teorin om vad som hände, när jag och Murphy (ditt as!), tankade från var sin sida av bensinpumpen, var alltså enligt följande:

En bugg i datasystemet hade tillåtit en sammanblandning mellan två olika bensinkort under vissa specifika omständigheter.

Sannolikheten för att detta kunde inträffa i verkliga livet, var säkert 1 på 7 468 962 000,67 eller något liknande, vilket innebar att det endast fanns en enda människa på jorden som kunde drabbas av detta problem. Gissa vem?

När jag startade tankningen, hade Murphy redan tankat en kort stund, men ännu hade inget fel uppstått.

Vi avslutade tankningen och satte tillbaka de båda tankmunstyckena samtidigt. När jag och Murphy avslutar tankningen på exakt samma millisekund, vaknar en bugg i datasystemet till liv. Detta gjorde att Murphy debiterades för min tankning, och jag för hans.

Murphy fick ut sitt kvitto först och när det var min tur, åkte han hastigt iväg, vilket kanske inte var så konstigt...

I min irriterade argumentation gentemot OK-Q8:s huvudkontor, beskrev jag hur det troliga scenariot hade gått till. Jag var verkligen inte nöjd över bemötandet efter att ha blivit utsatt för ett tekniskt fel, orsakat av bensinbolagets egen Bolibompa-utrustning.

Varför skulle jag, som var stamkund hos dem, hitta på en orimlig historia? Utsikterna att lyckas var allt annat än goda.

Men inavlade dårar finns ju naturligtvis överallt och nu var jag en av dessa inavlade dårar... i alla fall i deras ögon.

I mina ögon var hela OK-Q8 inavlat...

Jag påtalade följande för personalen (kundtjänst, respektive chefsmuppen) på OK-Q8:s huvudkontor:

"Får jag inte upprättelse, så ska jag klippa itu bensinkortet och aldrig mera handla hos er. Som grädde på moset, ska jag berätta för alla i min omgivning om vad som har hänt, samt avråda dem att vara kunder hos OK-Q8. Om ni inte tror på min berättelse, så ska ni åtminstone får betala mångfalt på annat sätt!"

Jävlas med mig och jag jävlas tillbaka (givetvis under parollen att tomma tunnor skramlar bäst). Detta var, mer eller mindre, ett tomt hot, med det visste inte mupparna på Bolibompa-kontoret. Dessutom fick de reda på vad jag tyckte om deras förbannade (skit)utrustning som skapade problem hos oskyldiga kunder.

Jag kunde ge dem datum, tidpunkt, pumpnummer, samt hänvisa till den lokala personalens redovisning om händelsen. Jag bad även huvudkontoret att kolla vem som hade tankat parallellt med mig. Det figurerade naturligtvis endast två kontotankningar som klockade in på samma gemensamma pump vid exakt samma givna tidpunkt och tankade någon via sitt bensinkort, var det givetvis en smal sak att ta reda på ägaren.

Kan inte vara speciellt svårt för en normalbegåvad person utan hjärnröta av tredje graden...

Att personen i fråga skulle erkänna misstaget var dock inte troligt, men det stärkte åtminstone historien i övrigt, även om det inte bevisade något i sak.

Men jag kunde bevisa att två kunder hade tankat vid samma pumpapparat exakt samtidigt. Detta i kombination med övrig argumentation och dokumentation, tillförde naturligtvis värdefull substans till berättelsen.

Någon ursäkt eller beklagande från OK-Q8 fick jag aldrig, men de störde sig säkert på det byråkratiska mejlet.

Att sätta blåslampan rakt i röven på de hjärndöda mupparna var bra. Grillade hemorrojder är alltid fint, jajamän...

Att jag vidarebefordrade ärendet till en nivå långt ovanför kundtjänsten, innebar att ärendet inte gick att trolla bort. Nu var en chefsmupp inblandad. En chefsmupp vill ofta att ett problem ska lösas eller redas ut. Något som ökade mina chanser att få rätsida på det märkliga problemet.

Brevet var dessutom alltför sakligt för att kunna negligeras. Det hela började även bli lika negativt, som tungrott. Det blev därför till slut enklare att betala tillbaka pengarna, än att fortsätta tjafsa. Det började bli en stinkande sörja av det hela, vilket hela tiden hade varit avsikten...

Pengarna (mellanskillnaden mellan de två tankningarna) återfördes till bankkontot och rätten var åter på min sida.

Upprättelsen var därmed korrekt korrigerad rent ekonomiskt, men de trodde fortfarande inte på historien. Ingen kompensation, ingen ursäkt...

Däremot läste jag en artikel i dagspressen många år senare, där någon hade råkat ut för exakt samma sak och denna gång hade man en förklaring. Det var en bugg i systemet! Där ser man...

Det lönar sig faktiskt att bråka och stå upp för sin sak. Ja och bråka, det är jag ju faktiskt jävligt bra på!

8. Vem fan har stulit urinoaren?

Jag och några till, hade tagit sig till en dansrestaurang och givetvis hade vi förfestat en del innan. Jag var glad i hågen och allt kändes bra, även om hjärnan hade blivit något suddig och diffus i sina innersta tankegångar.

Vet faktiskt inte riktigt vad detta berodde på? Ha ha!

Jag hade varit på stället tidigare, men kände likt förbannat inte igen mig när jag skulle gå på toaletten.

"Men de har väl byggt om sedan sist", var tanken? Sådant händer ju emellanåt. Att man tänker sådana tankar, menar jag!

Till slut hittade jag i alla fall toaletten, men där kändes det också konstigt på något vis. Även här inne verkade det ha byggts om sedan sist. Men nu blev jag verkligen irriterad på allvar, för urinoaren var ju borta!

Hur kunde någon vara så förbannat korkad att urinoaren plockas bort från herrtoaletten? Idioter!

Måste hela världen vara befolkad av lobotomerade tryffelsvin? Varför kan inte folk vara helt normala, som jag...

Helvete!

Riktigt korkat i kvadrat, sanna mina ord. Ja, extremt korkat till och med. Tänk att folk kan vara så korkade? Inte klokt vad dumma vissa individer är. Sanslöst korkat! Ja, detta var riktigt dumt på allvar. Men det var även en annan sak som störde mig.

Varför sprang så många tjejer in och ut på herrtoan hela tiden? Vad hade de där att göra? Jag tittade irriterat på tjejerna, men ingen sa något... även om några förvånat tittade tillbaka. Konstigt att folk inte kan hålla ordning på var de ska pissa? Märkligt! Usch, vilket folk...

Nästa gång jag var inne på herrarnas, var det åter samma visa. Tjejerna sprang in och ut hela tiden. Vad i helvete var det frågan om? Jag var irriterad. Varför kunde de inte gå på damernas istället? Jävligt respektlöst! Kan man inte visa lite normal hänsyn, kan väl inte vara alltför mycket begärt? Normalt hyfs och sans, för fan!

Tänk om jag hade sprungit in och ut på damernas hela tiden? Det hade allt sett ut det. Ha!

Tredje gången jag var på toa, upprepas scenariot återigen och nu började jag på allvar fundera på vad som var fel? För något fel var det ju? Något var jävligt fel! Men vad som var fel, det kunde jag inte riktigt sätta fingern på?

Varför var det aldrig några killar inne på herrtoan? Hmmm! Detta var otroligt märkligt. Var i helvete höll alla killar hus? Fanns det fler herrtoaletteter, fast med urinoar?

Ja, så var det nog! Det var givetvis dit killarna gick och eftersom det aldrig var några killar inne på denna toalett (förutom jag själv), gick tjejerna dit istället. Ja, detta måste vara förklaringen, för någon annan logisk förklaring, kunde jag inte komma på...

Äntligen hade man klurat ut det hela, man är nog inte så dum ändå?

Men nu hade hjärnan äntligen börjat klarna en smula och när jag lämnade herrtoaletten för tredje gången, kollade jag in omgivningarna extra noggrant. Vad upptäcker jag då, tror ni? Jo, en herrtoalett till, precis bredvid den jag nyss lämnat. Märkligt!

Okej, det var alltså här den andra herrtoaletten låg. Märkligt att de låg så nära varandra, endast några få meter skiljde ju de båda toaletterna åt. Konstigt var bara förnamnet...

Vilken idiot hade planerat detta? Han kunde inte ha haft många hästar kvar i stallet? Nyfiken gick jag in på denna andra herrtoalett och upptäcker omgående att här hade de minsann urinoaren kvar, inte undra på att killarna går hit istället...

Hit ska jag också gå nästa gång! Men när jag sedan går förbi toaletten, som jag hade varit inne på tre gånger tidigare under kvällen, noterar jag någonting konstigt.

Men vad är detta?

Neeeeeeeej! Damernas!

Ridå.

Typiskt! Jag hade varit inne på damernas tre gånger i rad, utan att någon hade sagt något. Visserligen var jag lätt berusad, samt lätt irriterad över den konstiga herrtoaletten, och över alla tjejer som sprang in och ut på herrarnas likt ett dubbelriktat lämmeltåg.

Men troligtvis såg jag jävligt harmlös ut och de flesta trodde väl att jag hade följt med någon tjej in på toaletten. Att knalla in på damernas flera gånger i rad, kan kanske tyckas märkligt. Men alla som känner mig, vet att det är så här jag fungerar. Det blir (ofta) fel emellanåt. Men det finns aldrig något ont uppsåt, det bara händer (hela tiden). Shit happens!

Nej, herrarnas toalett var inte ombyggd och urinoaren, den fanns naturligtvis kvar. Det tog sin tid, men sedan fattade jag. Sedan fattade jag allt! Resten av kvällen pissade jag lyckligt i den nyfunna urinoaren. Märkligt hur det (alltid) blir...

9. Ibland blir man helt väck, när man går i däck!

Var hos Företagshälsovården för en hälsoundersökning. Vi kan lämna detaljerna därhän, men jag skulle ta massa prover, samt genomföra en ordinarie undersökning där bl.a. blodtryck, hörsel, EKG och spirometri ingick. En besiktning av kroppens aktuella status var alltså dagens uppgift.

Spirometri innebär att man ska blåsa maximalt i ett rör, samtidigt som en apparat mäter lungkapaciteten. En kurva ritas upp på datorskärmen och man blåser i två omgångar, eftersom kurvorna ska matcha varandra om allt är okej.

Därefter jämförs kurvorna mot ålder, förra gångens värde etc. På så sätt kan lungornas kapacitet mätas och värderas. Man kan se om lungkapaciteten har ändrats över tid, samt jämföra mot genomsnittsvärdet i aktuell åldersgrupp. Inget konstigt alls.

Jag ogillar dock detta prov, eftersom man alltid måste ta i för kung och fosterland, plus lite till. Det hela avslutas nästan alltid med hostattacken från helvetet. Det känns som lungorna ska komma med upp och ibland snurrar det även till rejält i huvudet av tillfällig syrebrist. Processen är jobbig eftersom man alltid ska ta ut mer än max. När luften är slut och vacuum uppstår i luftvägarna, är naturligtvis obehaget som allra störst.

Nu var det åter dags för spirometritestet och det var lika bra att göra som vanligt, alltså blåsa så in i helvete. Jag blåser tills lungorna är fullkomligt tomma på luft, samtidigt som sköterskan sitter bredvid och hela tiden upprepar samma fras:

"fortsätt blåsa, fortsätt, mera, fortsätt, blås mera..."

Man andas in ett flertal gånger innan testet påbörjas, för att syresätta sig maximalt.

En klämma placeras på näsan, för att allt luftflöde ska komma ut via plaströret och mätas i apparaten. När man är beredd, dras maximalt med luft in i lungorna en sista gång, därefter blåser man allt man kan, plus lite till.

Jag tog i maximalt och luften tog slut, men då körde på jag lite till. När normala människor skulle ha gett upp det hela, blåste jag ännu mera, parallellt som sköterskan pushade på med sina förbannade:

"fortsätt, mera, fortsätt, mera..."

Jag väntade ivrigt på att sköterskan skulle säga att jag kunde andas in igen, att testet var över, men...

Hallå!

Vem är det som tjatar så fruktsvärt?

Hallå!

Låt mig vara i fred!

Roger hur är det?

Låt mig få sova!

Hallå!

Låt mig vara!

Roger...

Sluta!

Hur är det?

Men väck mig inte... Jag öppnar ögonen och ser ett allvarligt, men också bekymrat ansikte på sköterskan, som nu av någon konstig anledning, sitter på huk framför mig. Hon ropar mitt namn, om och om igen.

Det var ett förbannat tjatande...

Jag fattar ingenting, varför tjatar hon på mig, samtidigt som hon sitter på huk och håller mig i överkroppen? Hon säger någonting om huvudet och bordsskivan. Jag förstår inte vad hon pratar om, men förstår att något har hänt.

Jag fattar ingenting.

Nej, jag fattade absolut ingenting...

Jag var som nyväckt ur en konstig dröm, groggy och helt förvirrad...

Det var nära, säger jag!

"Nära", säger sköterskan, *"du var ju helt borta"!*

Okej, snart förstod jag vad som hade hänt, även om jag inte kunde greppa allt med detsamma.

Kände blodsmak i munnen och när jag drog handen över läpparna, färgades handen röd av blod. Jag fick ett papper för att torka bort blodet, men blodflödet upphörde ganska snart.

Det som hade hänt var att jag blåste så kraftigt i röret, att jag fick tillfällig syrebrist i hjärnan, i kombination med den kraftiga ansträngningen.

Det är möjligt att jag inte syresatte mig tillräckligt innan jag började blåsa i apparaten. Jag hade kanske också en latent förkylning i kroppen som påverkade, men det kunde även ha berott på blodtrycket för dagen, jag vet faktiskt inte. Hade ingen aning! Men denna kombo av omständigheter innebar att jag svimmade som ett hängbukssvin med akut syrebrist, mitt under spirometrisessionen. Det var som om någon hade stängt av en strömbrytare och jag märkte aldrig när det hände!

Märkte ingenting, det blev bara svart, utan någon som helst förvarning. Totalt svart och sedan hörde jag en röst långt borta som tjatade på mig, vilket skapade en ökande irritationskänsla.

Låt mig vara i fred!

Jag vill fortsätta sova!

Ett bestående intryck i efterhand var känslan av att ha dött. Att det känns så här att dö när livssystemet stängs av, och man dör knall och fall. Hade jag dött där, hade jag aldrig fattat...

Det är kanske så här man vill dö en vacker dag. Allt stänger tvärt av och därefter är det bara slut. Nu hackade det bara lite. Jag förstod inte heller varför sköterskan verkade så in i helvete uppjagad. Trodde att jag bara var borta någon enstaka sekund, men i efterhand förstår jag att händelseförloppet kanske istället varade runt 10-15 sekunder, eller ännu längre...

Sköterskan trodde förmodligen att jag dog, när jag blåste... och blev livrädd på kuppen. Det var så jag uppfattade det hela i efterhand. Jag slocknade, rasade framåt med överkroppen, samt dunkade pannan i bordet framför mig, och borrade ner tänderna djupt i tungan, med blodvite som följd.

Sköterskan slängde sig ur stolen och fångade upp mig på volley, därefter försökte hon väcka mig, knästående på golvet. Jag måste därför ha varit borta en bra stund. Jag var extremt groggy när jag vaknade, kände mig förvirrad och yr. Yrsel och huvudvärk blev min följeslagare under ett antal timmar. Även dagen efter kände jag en viss irritation och ansträngning i både panna och huvud, vilket var sviterna efter att ha dunkat huvudet i bordet. Hacket i tungan fick jag också leva med under några dagar.

Jag behövde inte blåsa en andra gång, för vem vet vad som hade hänt då? Men det var snarare jag som initierade detta, eftersom jag INTE ville blåsa en gång till.

Jag blev faktiskt irriterad på sköterskan eftersom hon i efterhand tog så lätt på svimningen, när hon väl insåg att jag inte hade dött. Här tror säkert vän av ordning att historien ska sluta, en gång för alla, men det finns faktiskt en liten grisknorr på historien... och den kommer nu.

Jag var efter ett tag tillbaka på platsen för svimningen. Det första som händer när jag hade satt mig i väntrummet, är att sköterskan från förra besöket kommer gående. Hon får syn på mig, flinar och säger högt och tydligt:

"*Har du svimmat någon mer gång, hö hö hö?*"

Hon frågar alltså mig, helt inför öppen ridå, om jag har svimmat någon mer gång? Samtligt som hon hånskrattade åt sin skojfriska kommentar.

Hon tyckte att hon var jävlig rolig förstås? Jag däremot blev totalt överrumplad av sköterskans kommentar. Jag är inte direkt överkänslig mot skämt i det stora hela, men hon var sjuksköterska och jag patient.

Därefter späder hon på den första kommentaren, med ännu en hurtig kommentar på högsta volym: "Jag *kanske ska säga till* "xxxxxxx *(läkarens namn)*" *att han ska ta ett till spirometriprov på dig, hö hö hö?*"

Hon flinar därefter åter åt sin skojiga kommentar. Jag är hårdhudad och kan både ge och ta skämtsamma kommentarer. Det händer säkert ibland att jag själv balanserar på anständighetens gräns, det är jag medveten om.

Men att en sjuksköterska struntar i den sekretess som hon enligt svensk lag är skyldig att följa, tycker jag är allvarligt. Jag var inte ensam i väntrummet, det fanns flera andra personer där. Personer som nu fick höra att jag hade svimmat under ett spirometritest, något som hade varit väldigt roligt. Hon struntar i tystnadsplikten, samt hånar en patient som hon själv hade drivit till svimningens gräns.

Sköterskan var även oprofessionell på flera andra punkter. Hon "glömde" fylla i relevanta uppgifter i journalen vid undersökningstillfället (t.ex. svimningen, samt några andra saker), samt skickade iväg mina blodprover på analys, med delvis felaktig provtagningsbegäran (trots konsultation med läkaren om just detta, alldeles innan provtagningen).

Vilket innebar att man fick ta om sänkan, samt komplettera med ytterligare provtagning som därför fattades. Det blev alltså några prover till. Ingen större skada skedd, men ändå ett jävligt slarvigt beteende.

Som epilog till ovanstående text kan jag konstatera att ingen hittade något fel på mig vid dessa läkarundersökningar, men när läkaren sitter och Googlar efter relevanta symptom, tappar man förtroendet för kompetensen hos denna företagshälsovård. Jag tjatade ändå till mig en remiss hos en specialist i Göteborg, för vidare utredning.

Men tack vare diffusa och bristfälliga noteringar från läkarens sida, fick jag ta emot världens utskällning från specialisten och blev nästan utkastad på kuppen. Men jag stod på mig och fick till slut ändå göra ett arbets-EKG med blodtrycksmätning.

Detta resulterade i att man hittade flera saker som företagshälsovården totalt hade missat. Inget allvarligt, men resultatet blev några mediciner som jag måste ta livet ut.

Ett medicinbehov företagshälsovården inte lyckades fastställa, vilket jag tycker är skamligt dåligt.

Sedan ville företagshälsovården inte längre ha kvar mig som patient och tyckte att jag kunde konsultera vårdgivaren på hemorten istället. Jag bad då att de kompletta journalerna skulle skickas över till den nya vårdgivaren, vilket de naturligtvis struntade i.

Jag fick därför kopiera mina egna, sedan tidigare utbegärda journalkopior, och lämna till min nya vårdgivare. Inte ens detta enkla moment klarade de av att utföra. Men roliga kommentarer var de bra på.

– Har du svimmat någon mer gång, hö hö hö...?

Ha ha, roligt, hö hö!

10.   Personalfesten Gud glömde!

Nu skulle det bli personalfest. Vanliga dödliga arbetare, extraanställda, kontorsråttor, chefer på alla nivåer, nyblivna pensionärer, med respektive, samt några till, var alla inbjudna till fest. Nu var det ett rejält kalas på gång. Äntligen en riktig fest för personalen. Nu skulle det bli personalfest...

Det var lördag kväll och vi hade samlats i en lämplig lokal för ändamålet. Företaget bjöd på någon form av musikalisk underhållning. Kommer inte ihåg vilken typ av underhållning det handlade om, men det var varken intressant eller värt att lägga på minnet.

Förmodligen något billigt (o)ljud av udda slag, i form av lokal dansorkester, bestående av två dresserade apor på dragspel, tre dvärgar på elektrisk trombon och fyra getter på tibetansk kanelflöjt, samt en siamesisk tvilling på stämsång!

Nej ... så var det kanske inte...

Givetvis skulle någon hög chef prata av sig, innan det blev dags för mat? Vanligt chefs-blaha blaha utan någon större substans med andra ord. Tal på denna tid (ja, detta var några år tillbaka i tiden, som sagt) och specifikt inom detta företag, var ofta lika intressanta som en spik i foten, typ...

Nej, usch och fy! Nu jag ljög jag för er, gott folk. En spik i foten etablerar ofta ett väldigt lokalt fokus och engagemang, tro mig, jag vet. Men när höga chefer/ägare (inom detta specifika, nu nedlagda, företag) började ordbajsa, var det inte många som orkade lyssna. Substanslöst dravel i stora mängder! Kära medarbetare... Prrrfhhtttt! Orala exkrementer i långa banor, överdrifter, humorbefriade skämt, halvlögner, inklusive hur värdefulla vi medarbetare var (jo, tjena!). I vardagen var vi lika mycket värda som hundskiten under skosulan, men nu var vi plötsligt väldigt värdefulla. Kära medarbetare...

Men eftersom allt var gratis för dagen, hade evenemanget lockat till sig många gäster. Gratis är alltid bra (och gott), vilket alla vet. Kanske var det mellan hundra och tvåhundra personer på plats... Ja, ungefär så!

Gott om folk var det i alla fall.

Företaget bjöd på öl och vin, med fri påfyllning, (nåja!) trodde jag naivt. Det var så jag uppfattade det hela, men eftersom personalavdelningen delade ut det drickbara, fick jag omgående det onda ögat på mig.

Fri påfyllning var dock inte riktigt med sanningen överstämmande, inte för mig i alla fall. Man fick hämta påfyllning i samband med maten, men inte alltför ofta. Selektiv bedömning efter specifik person, var det som rådde... och gissa vem som redan från början tillhörde de selekterades skara? Mmmm! Ja, just det! Dessutom kom jag för påfyllning, alltför ofta... inte bra alls, tydligen...

Men självfallet hade alla rutinerade partynissar (som jag själv) med sig extra flytande partyhöjare. Man fick därför gå iväg med jämna mellanrum, för att späda ut blodet lite.

Efter tal (bla-bla-bla), mat, kaffe (slafs & slurp), blev det så dags för den sociala biten av festen, när man skulle umgås arbetskamrater emellan. Nu i friare former än till vardags.

Det dröjde givetvis inte speciellt länge innan den fria sociala formen mellan olika arbetskamrater manifesterade sig på olika sätt och vis. Bland annat blev en kollega till mig, förbannad på en annan kollega, och satte hastigt stopp för en aggressiv och otrevlig attityd. Detta genom att ta tag i slipsen på den kostymklädde, men mycket otrevliga kollegan. Han drog sedan åt slipsen så att det närmast blev en strypsnara av det hela. Finurligt och fiffigt på alla vis.

Väldigt kreativt, må jag säga. Man blev imponerad på något vis.

Mannen som hängde i slipsen tonade successivt ned i den aggressiva framtoningen, för att istället börja tona mot en mer blå ansiktskulör.

Rena smurferiet var det.

Men just då, ryckte en mycket starkare och övergripande makt in och befriade blåsmurfen från den tillfälliga övermannen. Vi andra tyckte väl mest att han fick vad han förtjänade, typ. Bäddar man får man också ligga, typ (eller något åt det hållet). Men så var det också en riktig typ, den där typen. Jo, så var det!

Den övergripande makten var övermannens äkta hälft. Hon hade i vanlig ordning använt sin vassa stämma och eldsprutande blick (eller om det var tvärt om?), för att konvertera övermannen till en lydig (knä)hund. Fungerade varenda gång. Fantastiskt, sanna mina ord!

När en arg mans hustru blir ännu argare, ligger den arga mannen alltid i lä, detta enligt alla gällande naturlagar och entropisystem i hela universum. Denna grundlag är lika stark som gravitationen, om inte starkare! Otroligt fantastiskt!

Det fungerade även så denna gång, han släppte därför taget om slipsen och lät den blåfärgade mannen slicka sina mentala sår. Vilket i princip innebar mer alkohol rätt ner i strupen, allt för att lindra skammen och det bittra nederlagets bitterhet. Nu var han åter lugn, fast med stukat självförtroende.

Tänk att det räckte med lite slipstvång för att uppnå detta mentala lugn! Den mentalt stukade mannens sambo fick nu ta över ansvaret. Förmodligen gick de hem och fortsatte festen där genom att dricka sitt 90 procentiga finkelrävgift. Därefter började de säkert i vanlig ordning slåss med varandra... suck!

Jo, jag har tyvärr med egen mun smakat på det första och med egna ögon sett det andra. Jo, så var det! Försvann från festen gjorde de i alla fall.

Men strax därefter skulle något annat hända, vilket innebar att det som nyss hände, endast var en lätt bris i jämförelse till det som snart skulle komma ske.

Nästa gång skulle blixten slå ner och då var det jag som var själva åskledaren...

Nu var det mesta avhandlat inne i festlokalen. Inga fler bråk kollegor emellan, inga fler bla-bla-tal av chefer och maten, liksom efterrätten, samt kaffet var överstökat. Nu var det endast den fria sociala biten kvar (denna gång utan slipstvång).

Det var fortfarande möjligt att få påfyllning i muggen, men naturligtvis inte för någon som mig. Nej, den dörren var stängd. Motboken var makulerad (oh nej, så gammal är jag faktiskt inte, endast allmänbildad...).

Någon större chans till legal påfyllning, fanns inte i sikte. Nopp! Nej, inte på långa vägar! Jag fick därför gå ut för en nypa frisk luft och samtidigt passa på att fukta strupen. Råkade samtidigt på en gapig idiot. Ja, idiot är faktiskt rätt ord i sammanhanget, och snart ska ni förstå varför? Idiotens enda anknytning till festen, var att han var kompis med en tillfällig anställd, som var med inne på festen. Idioten ville också in på festen, men han fick inte komma in... Han hade naturligtvis redan försökt flera gånger, och blivit avvisad. Därför var han arg. Jävligt arg.

Nu tjatade och tykade han sig mot mig. Jag upprepade ett flertal gånger, att han inte hade där att göra. Jag sa att festen var privat och var man inte inbjuden, kom man inte in... Hur svårt var det att fatta detta enkla budskap?

Men han var varken anställd eller inbjuden och förstod absolut inget av det jag sa. Han kallade mig istället för en massa otrevliga saker, bara för att jag sa som det var...

Surt sa räven!

Då tröttnade jag på det hela och bad honom att fara åt helvete...

Men det borde jag inte ha gjort, för det var då allt urartade. Nu var det kokta fläsket stekt och mannens tre levande hjärnceller krockade med varandra. En kolossal härdsmälta skapades inne i den annars, helt tomma hjärnan.

Idioten blev en idiotgrobian av kolossalformat.

Det var nu blixten slog ned, allt spårade ur... godståget var på väg rakt mot mig, jag försökte kliva åt sidan, men då spårar hela härligheten ur och jag får ta smällen rakt i ansiktet...

Jag såg inte det komma, det bara small och sedan blev det stjärnfall i kubik. Jag fick en klockren karatespark, rakt i ansiktet. Naturligtvis rasade jag omgående ned i backen och ridån gick ner, men föreställningen var långt från över...

Blixten hade slagit ned, men godståget skulle nu bearbeta kroppen. Nu hade allting spårat ur och det gick omedelbart från värre till ännu värre... Min första tanke var att jag måste försöka skydda glasögonen, vilket gjorde att jag höll armarna runt huvud och ansikte, medan idioten i sin tur, stod och sparkade allt vad han orkade mot just huvudet. Han var sinnessjukt arg.

Jag låg i fosterställning med händer och armar till skydd för glasögon, ansikte och huvud. Men hur skulle detta sluta? Detta var inte bra alls...

Vet inte hur många sparkar jag fick ta emot, men det var ju några stycken (hade tyvärr inte tid att räkna dem alla), och han sparkade givetvis så hårt han orkade. Tillräckligt hårt för att troligtvis sparka ihjäl mig, ifall jag inte hade skyddat ansikte och huvud. Han siktade på huvudet, men armarna fick ta emot det mesta. Nu var man tacksam för den rejäla benstomme man var begåvad med, annars hade frakturerna stått som spön i backen.

Kommer inte ihåg ifall jag skrek, men det gjorde jag troligtvis. Skrek säkert att han skulle sluta... kallade säkert honom för en massa saker, vilket bara gjorde honom ännu argare.

Min arbetskollega och kompis (som vi kan kalla Falo, ha ha!) kommer även han ut på asfaltsplanen framför festlokalen och det första han ser, är en lång yngling som med en välriktad karatespark rakt i ansiktet, däckar hans kompis. Sedan ser han att våldsmannen börja sparka på sin, nu på marken liggande, hjälplösa kamrat. Falo känner ett skriande behov av att hjälpa till och vill försöka rädda sin kompis.

Vet inte hur han agerar i detalj, men belöningen blev en karatespark i huvudhöjd.

Falo hade lyckats i sitt uppsåt, men hamnade själv i stormens öga. Falo hade nu intagit ett stabilt ryggläge på asfalten, och idioten riktar nu all sin energi på detta nya offer

Berusningen i kombinationen med det överraskande och snabba våldskapitalet från den karatesparkande idioten, gjorde oss chanslösa. I nyktert tillstånd skulle scenariot måhända blivit annorlunda. Men nu var vi mätta, glada, samt hyfsat salongsberusade (nåja!) och alls inte beredda på några våldsamma aktiviteter. Att slåss är inte heller min grej, även om jag naturligtvis slår tillbaka ifall jag blir angripen.

Det är mest intelligensbefriade idioter som slåss utan anledning, och detta var faktiskt en riktig superidiot...

Jag märker att sparkarna upphör och att karateidioten hade lyckats få omkull ett nytt offer, som han nu håller på att sparka sönder och samman. Jag måste därför göra något snabbt och rådigt.

Falo är dock så pass berusad, att han inte uppfattar att han nyss har blivit nedsparkad och ligger på rygg. Sparkarna riktas denna gång inte specifikt mot huvudet, vilket var ett klockrent faktum i mitt fall. Jag inser att goda råd är dyra och tar mig snabbt upp på fötterna igen.

Jag verkar inte ha blivit skadad. Stabil benstomme och tjockskallighet är bra egenskaper. Dessutom brukar sällan nedslagningar stoppa mig någon längre stund, vilket inte alltid är så bra. Men är man seg, envis och smärttålig, så är man.

Nästan lika seg som en gubbe från Kolahalvön. Jag hade blivit brutalt nedslagen några gånger tidigare i livet, men har aldrig dragit på mig mer skador än någon fläskläpp här, eller lite näsblod där... Aldrig mer än så!

Men Falo som är salongsberusad (inklusive alkoholberusningens plusmeny med extra allt) tror märkligt nog att det är han som står upp, och den andre killen som ligger på marken (!?).

Han ropar därför: *"Ger du dig, ger du dig"*, vilket naturligtvis gjorde karatedåren helt galen av raseri.

De tre sammansmälta hjärncellerna i idiotens huvud exploderade fullständigt och genererade rent vansinne som bränsle.

Jag kände att jag tvunget måste göra något, innan detta slutar riktigt illa. Jag sparkar därför idioten så hårt jag orkar rakt i arslet (!), vilket genast besvaras med en ny karatespark i huvudhöjd. Attans, inte en gång till.

Jag flyger återigen rakt ned i asfalten, men denna gång hinner han inte göra så mycket mer mot mig (vad jag minns) för nu hade denna pågående misshandel observerats av flera andra och det kommer ut folk på gårdsplanen. Folk, som i sin tur, undrar vad fan som pågår?

Vän av ordning förstår givetvis att karatesparkaridioten inte tyckte att detta var en speciellt motiverad fråga. Personen som ifrågasätter misshandeln blir omgående attackerad med en karatespark i huvudhöjd som svar, men denna gång blev "offret" inget offer.

Karateidiotens fot fastnar istället i händerna på denna tredje person och nu handlar det inte om att misshandla någon längre. Med foten i säkert grepp är karatesparkaren snart satt ut spel, och även hans balans. Det hela avslutas sedan med en rekorderlig käftsmäll, samtidigt som han via sin fot vrids rakt ner i backen.

Kanske får han ta emot ytterligare någon käftsmäll i den allmänna villervallan? Bra, i så fall! Nu var misshandeln över för denna gång och nu när han äntligen hade mött sin överman, försvann idioten förmodligen ner i samma jordhåla som han nyss krälat upp från... försvann omgående gjorde han i alla fall.

Är historien slut nu, undrar säkert vän av ordningen? Nej, det är den inte! Det måste ni väl ha förstått, i min värld tar aldrig något slut?

Idioten fick på käften själv och försvann därefter snabbt från scenen. Gissar att det inte var lika behagligt att själv tugga asfalt.

Karateidioten var säkert påverkad av någon illegal substans, med tanke på av allt övervåld. Total brist på empati och all avsaknad av konsekvensanalys utifrån sina egna handlingar, tyder faktiskt på detta. Men vad vet jag? Kanske var han bara totalt sopren (tom) i huvudet, en riktig sopa var han oavsett. En riktig idiot, minsann!

Själv såg jag ut som ett nödslaktat hängbukssvin, eftersom blodet sprutade som en fontän från näsan, och den vita skjortan var nu rödfärgad av allt blod. Inte speciellt konstigt efter karatesparkar rakt i ansiktet. Fick även ta emot sparkar i halshöjd, samt ett antal sparkar mot huvudet, när jag låg ned.

Men förutom den nedblodade skjortan, massivt näsblod och lite sneda glasögon, var jag dock helt oskadd, hur detta nu hade gått till? Märkligt, men sant!

Kompisen Falo (som i anonymitetens namn, naturligtvis heter något helt annat i verkliga livet) blödde även han som ett svin från näsan. Han fick dessutom glasögonen söndersparkade som bonus och näsbenet avsparkat som extrabonus (vilket han tydligen inte märkte förrän nästa dag). Men detta kunde ha slutat riktigt illa. Folk har dött av mindre saker än så här. Men vad hände sedan?

Jo, nu var det mycket folk på plats utanför festlokalen, konstigt nog var mer eller mindre, alla män, varav de flesta nu slogs med varandra. Har alltid undrat varför kvinnor inte gör upp med knytnävarna och slåss som riktiga män de också? Undantag finns förvisso, men är sällsynta. Jag däremot slåss aldrig, tar bara emot stryk som en riktig man...

Misshandeln och den efterföljande elimineringen av karateidioten, var den tändande gnistan, sedan var allt igång...

Javisst, nu var festen igång på allvar...

Alla gamla oförrätter, irritationer och osämjor från arbetsplatsen bubblade upp till ytan. Nu jävlar skulle gamla synder betalas, saker ställas till rätta, rättvisa skipas, allt med hjälp av knytnävarnas språk. Ja jävlar...

Jag kommer ihåg en relativt nybliven pensionär som var bjuden på kalaset. Gamle-Sven hade aldrig irriterat eller förargat någon under sina år på företaget. Nu stod han där, inne i smeten, liten och späd, typ 67-68 år gammal, och studerade intressant dessa märkliga aktiviteter som utspelade sig framför hans ögon.

"Vad gör ni pojkar, vad håller ni på med?", ropade han till slut efter att ha gått allt närmare aktiviteten, för att kunna ställa sin oförargliga fråga till slagskämparna, som han kände sedan tidigare. Men svaret han fick var knappast det han hade förväntat sig?

För plötsligt kommer knytnäven farande och däckar Gamle-Sven fullständigt. Han faller likt en fura rakt i backen.

Men detta var givetvis ett misstag, eftersom gärningsmannen lyckades slå fel arbetskamrat på käften... Men lite svinn får man räkna med... på personalfester.

Men jag tror det gick bra med farbrorn, trots smällen. Någon ringde efter polisen, i vilket skede vet jag inte, men någon hade i alla fall ringt. Men eftersom festen var av privat karaktär, ville inte (!?) polisen färdas de drygt två och en halv milen till feststället från den lokala polisstationen. Detta var en privat tillställning och privata slagsmål var tydligen inte polisens bord. De tyckte förmodligen att folk skulle få avreagera sig i fred och slå sig trötta istället...

Nu var klockan sent på natten, Falo och jag hade blivit törstiga efter all misshandel, bråk och stök, och återgick till festlokalen, som nu i det närmaste var folktom. Vi var trötta på slagsmål, i alla dess former. Kvar inomhus var endast några få personer, bland annat den kvinnliga personalchefen som skötte den knepiga baren för kvällen. Vi gick fram till kvinnan och sa följande:

– *Vi är törstiga, vi vill ha vin?*

"*Men hur ser ni ut, det är ju helt bedrövligt. Och var är alla andra?*", säger personalchefskvinnan med förfärad min, till oss.

– *De är ute och slåss. Men det är ju fest, så ge oss vin*, säger jag irriterat, med ett utseende som matchade ett nödslaktat hängbukssvin.

"*Usch, vilket folk*" fick jag till svar!

Hennes ogillande gick inte att ta miste på. Knepig människa, den där! Hade hon aldrig varit på personalfest tidigare, var det man så smått undrade?

Jag fick tag i en flaska vin, trots att personalchefen stod och rynkade på näsan åt oss båda. Jag ryckte bara åt mig en vinare, trots att jag egentligen inte fick. Jag fick knappast några extra popularitetspoäng för detta tilltag... men vem fan brydde sig efter kvällens händelser?

Hon hade aldrig gillat mig ändå och känslan var även ömsesidig.

Men att jag och arbetskamraten hade blivit misshandlade så att blodet sprutade, på företagets egen personalfest. Det verkade inte spela någon roll. Detta var inget arbetsgivaren tyckte angick dem överhuvudtaget.

Personalfesten Gud glömde, inträffade förvisso på vår fritid, men aktiviteten var ändå anordnad, regisserad och utövad av arbetsgivaren.

Så lite intresse kunde man ändå ha visat.

Men det blev aldrig någon mer personalfest efter detta.

Undrar just varför...?

11. Titta han flyger!

Min mammas fosterbror hade tagit flygcertifikat och var med anledning av detta tvungen att få ihop flygtimmar med viss regelbundenhet. Flygtimmarna fick han ihop på Säffle flygfält, där han flög med ett litet flygplan av typen Cessna/Piper. Vet inte vilket av dessa flygplanstyper det handlade om, men det spelar mindre roll? Pappa och jag följde med några gånger. Pappa satt i passagerarsätet där framme, medan jag fick ta del av det högst primitiva baksätet.

Men utsikten, i den mån jag kunde se något från platsen där bak, var oftast magnifik i all sin prakt.

För en ung grabb som jag, var dessa flygturer spännande upplevelser, men landningen var desto mer spooky. Den kändes många gånger som en välregisserad kraschlandning på hjul. Men detta var naturligtvis mer en känsla hos en ung grabb, än ett reellt faktum.

Men det jag särskilt kommer ihåg från dessa flygturer, är luftgroparna som gjorde färden väldigt skumpig. Samt tryckförändringarna som slog lock för öronen, mest hela tiden. Man fick sitta och svälja i parti och minut, för att få öronen att fungera normalt igen.

Men varför man skulle sitta fastspänd där bak i flygplanets trånga baksäte, det förstod jag aldrig? Störtade planet och slog i marken från flera hundra meters höjd, gjorde knappast detta bälte någon nytta.

Syftet var snarare att folk som jag, inte skulle åka omkring på lösen där inne i cockpit vid diverse kursändringar i höjd- och sidled, samt att man satt ordentligt fast vid start och landning. Eller var syftet med bälte, att det skulle hindra folk från att ramla in i vindrutan vid störtning, ja kanske var det så?

Planet störtdyker och en liten skogstokig pojke flyger fram i planets vindruta. Vindrutan spricker och ramlar loss. Pojken flyger ut genom rutan och in i propellern. De två vuxna i planet färgas röda av pojkens kontakt med propellern. Propellerbladen kröks, lossnar och flyger in i cockpit och strimlar de båda i framsätet. Utan fungerande propeller störtar planet rakt ner i ett hyreshus och exploderar, med minst 50 döda och lika många skadade som följd... katastrofen är fullbordad.

Det är nog därför bältet ska knäppas även i planets baksäte? Måste vara så!

Nu hände det aldrig något konstigt vid dessa flygningar, utan det var rutinmässigt och odramatiskt mest hela tiden, och tur var väl det. Spännande och roligt var det givetvis. Det är roligt att flyga och fara på olika vis.

Vilket gör att vi nu kommer över på nästa aktivitet på Säffle flygfält– nämligen skärmflygning.

Nu skulle det verkligen bli flyga och fara av...

Vid ett tillfälle när vi anlände till flygfältet, höll man på med skärmflygning för allmänheten (eller om det var för flygklubbens medlemmar?). Det gick till på följande vis:

Man satte på sig en vanlig traditionell fallskärm, vilken redan var utvecklad (den inveckblade mackapären var alltså redan utvecklad), därefter kopplades en lina till ett fordon. Därefter släppte man ut linan och körde runt med fordonet på flygfältet, så att fallskärmen skulle få lyftkraft. När vinden tog tag i skärmen, blev det också lyftkraft i grejorna. Bilen stannade och linan matades successivt ut som enda förankring till Moder Jord. Har drakflygning ingått i repertoaren under ungdomsåren, förstår man också grundprincipen.

Min fostermorbror undrade spontant om jag var intresserad att testa skärmflygning? Men eftersom jag inte visste hur det funkade, tvekade jag lite, vilket omgående tolkades som ett jakande svar av någon konstig anledning. Sedan gick det undan med en himla fart och det fanns inte längre någon återvändo...

Jag fick i all hast fallskärmen monterad på ryggen, spännen och remmar justerades och drogs åt. Det var selar, linor och en massa annat. Fick någon form av muntlig, men till stora delar, totalt obegriplig information om hur det hela skulle gå till. Det enda jag uppfattade, var själva landningsmomentet, där budskapet löd: *"landa med böjda ben"*. Detta förstod jag.

Man kontrollerade inte om jag hade förstått den delgivna informationen, men det var säkert inte speciellt viktigt i deras värld. Jag skulle bara skärmflyga lite.

Sedan körde bilen och jag flög upp i skyn med ett ryck, där jag flög omkring som en vante. Men redan nu, hade jag hunnit ångra mig ett flertal gånger... Satan vad otäckt!

Livrädd hängde jag och dinglade däruppe i luften, medan jag undrade hur det hela egentligen hade gått till? Jag tyckte nog att beslutet både togs över huvudet och bakom ryggen på mig.

För det var aldrig någon diskussion med mig om det hela.

Ville jag överhuvudtaget upp i luften och skärmflyga? Vågade jag? Kunde det vara farligt? Var jag inte alltför för ung? Vilka säkerhetsregler gällde?

Nej, det var inte så noga, flyg bara, typ... Vad kan hända? Visst, det var spännande och skrämmande på samma gång, men om jag själv fått välja, hade jag aldrig åkt upp. 45 % spännande och intressant är alltjämt mindre än 55 % hemskt och skrämmande. Innerst inne ville jag, men rent förnuftsmässigt ville jag INTE.

Alldeles i början kändes det givetvis intressant, spännande och även lite försiktigt kul, men sedan blev det bara allt mer hemskt. Jag kommer inte ihåg exakt hur gammal jag var vid tillfället, kanske 11-12 år, eller något liknande. Men jag var alldeles för ung. Att man ens släppte upp mig var märkligt på alla sätt och vis. Det borde man inte ha gjort!

Min teori är att ett stort "undantag" gjordes på grund av min fostermorbror. Han var en regelbunden gäst på flygfältet och var säkert bekant med skärmflygarfolket. Det är möjligt att detta hade betydelse, men jag vet faktiskt inte.

Men låta orutinerade, outbildade, och minderåriga personer flyga, efter endast två minuters muntlig utbildning, känns inte optimalt sett med dagens ögon. Jag vet inte hur högt jag flög med fallskärmen, men bilen vid linans andra ände, såg ut som en pytteliten liten leksaksbil. Jag var nog högt uppe.

Transportstyrelsen skriver följande kring skärmflygning via markfordon:

"Skärmflyg med start genom bogsering från marken förekommer på ett femtontal platser i Sverige. Då används ett fordon eller en vinsch för att dra upp skärmflygare med en lina eller en wire. Skärmflygaren dras normalt upp till en höjd av 300-600 meter, i undantagsfall högre. Linan kopplas därefter loss och vevas in."

Jag har ingen aning ifall samma regelverk gällde vid tiden för min flygning, men ett par hundra meters höjd handlade det säkert om. Men skit samma om det var 60 eller 600 meter, konsekvensen vid störtning eller fritt fall, blir ändå exakt densamma och döden tar mig i sin famn oavsett.

Jag var livrädd och höll fast i selen så hårt att det gjorde ont i händerna. Knogarna var kritvita när fingrarna krampade av smärtan. Utsikten ut över Vänern var bedårande, men jag förstod att det var dit jag skulle flyga, ifall linan av någon anledning lossnade.

Det blåste friskt däruppe och fallskärmen ville hela tiden flyga ut mot Vänern, trots att linan ville något annat. Till sist ville jag ner igen, men någon kommunikation med dem på marken existerade inte. Jag fick istället tygla en stigande dödsångest och vänta på att bli nertagen under någorlunda kontrollerande former.

Om det nu gick att komma ner under kontrollerande former, vill säga?

Att störta ner med fri fart och avsluta fallet med att skjuta ut de båda benen, samt ryggrad genom axlarna, var inget lockande alternativ. Jag ville inte heller bli någon mänsklig ketschupfläck på den gräsbeklädda landningsbanan. Nej, jag har faktiskt aldrig varit speciellt höjdrädd, utan detta handlade mer om att jag hade noll koll. Situationen hade ju mer eller mindre påtvingats mig. Jag är inte heller någon äventyrsmänniska och får inga kickar av att se döden i vitögat.

Däremot har jag alltid varit riskmedveten och aldrig medvetet sökt upp faran. Nu var jag helt utlämnad till en mängd olika mekanismer och omständigheter, jag inte hade någon som helst kontroll över. Tänk om selen, skärmen, linan eller vinschen skulle krångla eller gå sönder. Vad skulle hända då? Jag var bergsäker på att något skulle strula och tänk om den redan så kraftiga blåsten skulle öka ytterligare? Vad skulle hända då?

Jag var mest rädd för att det skulle bli något fel på selen. Ville verkligen inte lossna och dödsstörta mot marken, eller att fallskärmen slet sig loss från linan. Jag var förvisso ett barn, men ändå ingen idiot, och insåg givetvis vilka risker som förelåg. Det kändes inte som att säkerheten hade första prioritet, de ekonomiska aspekterna kom nog snäppet före, för det var naturligtvis inte gratis att skärmflyga...

Jag uppfattade att man fick kämpa för att få ner mig på marken igen, trots att flera personer jobbade intensivt med vinschen långt därnere. Jag hade ingen koll på hur det brukade se ut i normala fall, men något såg ut att vara fel, med tanke på all aktivitet som rådde nere på marken.

Små myrliknande människor sprang hysteriskt omkring runt bilen, det såg jag ju, och tiden för flygningen hade med råge tickat ut, men man plockade ändå inte ner mig.

Märkligt! Varför plockade man inte ner mig?

Man försökte vinscha ner mig till marken via den bilmonterade vinschen, samtidigt som den kraftigt tilltagande vinden försökte slita ut mig över Vänern. Två krafter som jobbade direkt mot varandra, men till slut börjar man ändå få ner mig. Det gick inte fort och skärmen spjärnade mot allt den orkade. Mittemellan dessa motkrafter (kraftpar) hängde jag totalt hjälplös.

Det var i vindens svängningar som det gick att få ner mig några få meter åt gången och till sist hade jag kommit så pass nära marken att vinschen äntligen fick ett markant övertag i dragkampen.

Till slut, gick det att få ner mig på marken. Men det tog förfärligt lång tid. Jag visste att landningen skulle ske med böjda knän, för det hade någon sagt till mig, men det var omöjligt att bedöma det kvarvarande avståndet till marken, så jag missbedömde landningen minst tre gånger och landade med raka ben i alla fall, vilket gjorde landningen allt annat än mjuk.

Jag stöp som en nedsågad fura vid landningen, åkte därefter med som en vante, när fallskärmen drev iväg längs marken. Efter några sekunder kom dock personalen och fångade upp den vilt sprattlande skärmen.

Upplevelsen var extremt omtumlande. Men ingen brydde sig. Jag var åter nere på marken och allt hade slutat lyckligt. Själv var jag mest glad att jag undkom det hela med livet i behåll.

Man frigjorde mig snabbt från skärmen, för nu skulle ju nästa person upp och flyga, innan den tilltagande vinden blev alltför intensiv. Ja just det! Innan den tilltagande vinden blev alltför kraftig... Hmmm!

Redan under min flygtur hade vinden tilltagit rejält i styrka, vilket gjorde min nedtagning både svårartad och komplicerad. Men nu var det alltså nya friska pengar på väg in och bekymren några få minuter tidigare var redan bortglömda. En seriös aktör hade givetvis avbrutit verksamheten omgående.

Vi stod nyfiket kvar och kollade när den efterföljande skärmflygaren fick sin flygtur. Mannens flygtur varade bra mycket längre, än vad som var fallet för mig. Detta berodde nu inte på att man var extra generös mot just denna flygare, utan berodde naturligtvis på helt andra omständigheter.

Nästan synkront med min besvärliga nedtagning, tilltog vinden våldsamt i styrka. Därför gick det mindre bra för nästa flygare.

Jag har för mig att personalen försökte plocka ner mannen tidigare än beräknat, när man insåg att man höll på att tappa kontrollen över vinden.

Men man misslyckades kapitalt med nedtagningen, och mannen fick därför fortsätta flyga där uppe i skyn. Det var nära att bilen lättade från marken när man försökte vinscha ner honom. Risken att fullständig tappa kontrollen var nu överhängande.

Mannen gick inte att få ner utan att samtidigt riskera utrustningen. Mannen fick därför en rejäl flygtur för pengarna och han insåg säkert allvaret i situationen när han hängde och dinglade däruppe.

Jag insåg givetvis att det lika väl kunde ha varit jag själv som var fast däruppe.

Normal skärmtid vid full höjd var ca 5 minuter och ytterligare 8-10 minuter för upp-och nedtagning. Mig fick de ned efter drygt 20 minuter i luften. Mannen efter mig fick flyga minst 30 minuter. Han såg av förklarliga skäl väldigt medtagen ut efter landning.

Med lätt ångest i bröstet, insåg jag att det lika gärna kunde ha drabbat mig. Sitta fast där uppe i luften och få panikattacken Allan, med inneboende dödsångest och alla andra tillbehör, ja det kunde ha slutat hur illa som helst... Usch och fy!

Jag vet inte hur planen för en misslyckad nedtagning såg ut. Men farhågorna hos mig när jag flög, de besannades nästan... Man hade redan under min flygning, passerat komfortzonen gällande säkerhet. Nu var man långt utanför allt som hade med säkerhet att göra. Jag påstår att anledningen att det hela ändå slutade lyckligt, berodde mer på ren tur, än något annat... Min mamma blev av någon outgrundlig anledning mindre glad, när jag talade om för henne vad jag varit med om. Hon blev rejält arg, såsom mammor alltid brukar kunna bli, men det var självfallet inte mig hon var arg på, utan på pappa, men det hade ni säkert redan listat ut?

Detta är livets enda skärmflygning.

Har aldrig känt någon större längtan att åter åka upp i det blå. Känner inte att jag har något större behov att utmana ödet ytterligare, genom att åter flyga och fara uppe i det blå.

Vad kan gå fel?

Jo, jo...

12. Två limpor och en hjärndöd kassörska!

Händelsen inträffade något år före millenniumskiftet, när jag var och handlade i en livsmedelsbutik i en närliggande stad. Nu skulle verkligen något märkligt inträffa. Hade jag hamnat i dolda kameran, eller drabbades jag av ett practical joke? Nej, det som hände denna dag, var bara en släng av verkligheten, ackompanjerad av världens mest hjärndöda kassörska.

Jag hade storhandlat och eftersom man betalade med kontanta medel vid denna tid, räknade jag ut den ungefärliga summan i huvudet, innan jag kom fram till kassan. Jag reagerade omedelbart på att summan som skulle betalas blev mycket högre än vad jag hade räknat med. Gick därför genom kvittot direkt efter betalningen, för att hitta felet. Det måste ju ha blivit fel någonstans?

Det är då jag ser det märkliga. Ögonbrynen åkte med raketfart upp i pannan, för där stod följande:

2 st, skivat formbröd a 149 kr!

Vad ända in i... Jag hade betalat totalt 298 kr för två limpor, skivat vitt bröd.

Va!?

Inte klokt på något vis, det måste blivit fel på prismärkningen, alternativt ett våldsamt felslag i kassan...

Ett så uppenbart fel borde inte vara svårt att korrigera, trodde jag i min enfald. Skådespelet utspelade sig under midsommarveckan och kassakön var dagen till ära, därför extra lång. En kö jag nu fick bryta mig tillbaka genom, med fullastad kundvagn och hela skiten. Något annat alternativ stod inte tillbuds. Nej, någon extern kundtjänst fanns inte heller...

Ur vägen... här kommer jag i baklängestakt, med kundvagn och hela faderitten. Vik hädan, gott folk!

Jag trängde mig tillbaka mot kassörskan, för att få en snabb korrigering av felet. Denna kontraproduktiva bakåtgående rörelse, skapade naturligtvis en del sura miner, men snart skulle folk få anledning att bli ännu surare...

Jajamän, mycket surare!

Jag redogjorde för kassörskan vad jag hade att anmärka på. Försökte få priset ändrat och få pengarna tillbaka. En begäran som alla normalbegåvade människor på denna jord, skulle ha sett som en sund och rimlig begäran i sammanhanget.

Vad kunde gå fel?

Ja, i princip allting, typ...

I kassan sitter nämligen den mest ointelligenta och bångstyriga människan på hela jordklotet. Nu skulle mitt tålamod tänjas till bristningsgränsen, för personen jag pratade med, var amöbornas hjärndöda psychodrottning Grand De Luxe.

Idioternas Idiot x 8!

Världen mest hjärndöda människa, alla kategorier.

Jag hade betalat 298 kr för två simpla limpor, istället för det normala priset på 29:80 kr! Som alla normalbegåvade personer på jorden förstår, kostar då varje limpa 14 kronor och 90 öre styck – INTE 149 KRONOR!

Jag ville ha tillbaka 298 kronor – 29:80 = 268:20 kr!

Ganska lätt att förstå. Till och med kattens hemorrojder kunde begripa detta...

"Det har blivit fel här, jag har betalt 149 kr styck för två limpor istället för 14:90 kr, så jag vill ha lite pengar tillbaka" var det jag sa till kassörskan.

Men kassörskan såg inte problemet och vägrade resolut korrigera priset...

Vafalls?

Först trodde jag att hon drev med mig, men det gjorde hon inte, för fanskapet trodde på allvar att limporna kostade 149 kr styck och vägrade därför betala tillbaka några pengar.

Jag försökte hålla mig någorlunda sansad. Trots allt, trodde jag att det hela bara var ett konstigt missförstånd och att hon hade missuppfattat något i det jag sa.

Jag upprepade min begäran ett flertal gånger, men fick noll respons från hennes sida. Nu uppstod ett högljutt gräl mellan mig och kassörskan. Jag var ytterst upprörd.

Jag var arg, jävligt arg helt enkelt!

Men hon vägrade konsekvent att gå med på några eftergifter, detta eftersom hon fortfarande inte kunde se att något fel hade begåtts... hon var tydligen fullständig idiot i huvudet.

Vad fanns det för alternativ?

Just det, det fanns inga!

Nu hade kassörskan verkligen sprängt alla gränser för hur dum i huvudet en människa kunde bli. Hon hade sprängt idiotvallen med råge och det är ofattbart hur korkad denna människa egentligen var, måste ha varit världsrekord? Då försökte jag få med mig henne ut i butiken, för att visa mig var dessa extremt dyra limpor fanns? Samtidigt kunde vi ju kontrollera prislappen på hyllkanten, bara för att se vem som hade rätt. Men hon totalvägrade. Tonläget var nu mer än högt...

Den, redan sedan tidigare, långa kassakön var nu ännu längre och folk såg allmänt uppretade ut, där de stod med sina överfulla kundvagnar. Kassakön var snart att likna med en uppretad mobb...

Läget började bli obekvämt, utsatt och obehagligt för kassörskan. Hon såg den alltmer uppretade kassakön och började kanske resignera en smula.

Nej, hon erkände inte att det hade begåtts något fel, utan det var snarare att hon uppfattade situationen som hotfull och besvärlig. Men den hjärndöda idiotamöban till kassörska vägrade fortfarande erkänna att något fel hade begåtts. Helvete!

DET ÄR OFATTBART ATT MAN INTE KAN BEGRIPA DETTA, HUR KAN MAN INTE FATTA DETTA? HUR ÄR DET ENS MÖJLIGT ATT INTE FÖRSTÅ?

Nu hade någon slags mental blockering infunnit sig hos henne. Hon var synnerligen besvärad av situationen, men vägrade resolut att erkänna att ett fel hade begåtts. Det hela var fruktansvärt absurt, på alla sätt och vis.

Det var som en Monty Python-sketch på TV, där folk spelar idioter och dårar. Man sitter i tv-soffan och skrattar åt det hela, men detta var inte alls roligt... En idiot till dåre i verkligheten är sällan lika rolig som en i fiktionens värld, det kan jag lova er. Med ett högt och ansträngt tonläge, undrade jag om hon verkligen var lika korkad som det verkade? Trodde hon i sin vildaste fantasi att det fanns några limpor i affären som kostade 149 kr styck (då ska ni tänka på att detta inträffade någon gång i slutet av 1990-talet)? Frågan besvarades överhuvudtaget inte. Sedan tyckte jag att hon kunde betala tillbaka pengarna jag hade betalt för mycket, men hon vägrade resolut.

Något argument fanns inte, hon bara vägrade... Fanskapet, vägrade helt enkelt.

Jag höll på att explodera trippelfalt av ilska (och alla säkerhetsventiler stod vrålöppna i skallen) och i kassakön hade lynchstämningen så smått tagit sin början. Det var inte mig de ville lyncha, utan den idiotiska kassörskan som verkade ha lika hög IQ som en amöba på thinnerrus.

Den franska revolutionen var en stilla vindpust mot vad som höll på att ta form här... Nu skulle kassörskan hängas i en snara gjord av prinskorvar, därefter skivas i tunna skivor i charken, och sedan bli gratismat till någon strykarhund som naturligtvis får ränneskita av den äckliga dieten. Men riktigt där var vi inte ännu...

Hela kassakön hörde den högljudda argumentation och ilskan gick inte att ta miste på. Till slut skrek jag följande till henne:

"Nu vill jag prata med din chef, nu får det fan i mig vara slut på idiotin, ropa hit chefen. Nu är det nog!"

Någonstans där, insåg hon att chefen inte skulle ta hennes parti i konflikten. Hon verkade nu bli osäker och skärrad, på en och samma gång. En liten mikroskopisk spricka började äntligen breda ut sig i kassörskans lobotomiargumentation. En inledning på något som därefter skulle komma eskalera ju längre processen fortskred. Att jag var arg som ett bi, det brydde hon sig inte om och att det mer eller mindre rådde upprorsstämning i kassakön, nej det brydde sig hon inte om. Att det stod trettio uppretande kunder som alla ville döda henne med det som fanns till hands, bekom henne inte alls. Att hon riskerade bli ihjälslagen med en fryst kalkon, bli kvävd av en storpack köttfärs, bli misshandlad av ett paket fiskpinnar, bli inlindad i en storpack av Edets toapapper och därefter indränkt i chilisås, eller få arton askar Läkerol nedtryckta i halsen, nej det skrämde inte henne alls.

Att all logik, sans och vett, pekade på att jag hade rätt och hon fel. Nej det brydde sig hon inte om. Att en limpa inte kan kosta 149 kr, eller att jag skulle ha pengar tillbaka, nej det brydde sig hon inte heller om.

Men att konfronteras med sin chef inför öppen ridå, det brydde hon sig faktiskt om och detta ville hon inte.

Någonstans fanns alltså en gräns, även hos kassörsamöban med dubbelsidigt åderbrock i hjärnbarken. Till slut rämnade alltså hennes dåraktiga försvar. Hon hade nått vägens ände och det fanns inte längre någon återvändo.

Hon var helt körd...

Nu hade hon inget annat val än att betala tillbaka mellanskillnaden på det felaktiga beloppet, vilket tydligen sved i själen. Efter ett antal feltryckningar på kassaapparaten, som låste hela skiten för en stund, och ett utryck av allmänt missnöje från kassörskans sida, fick jag äntligen tillbaka den begärda summan av 268 kronor.

Men hon verkade fortfarande anse att inget fel hade begåtts, och man undrade så smått om kassorna var extrabemannade med folk från mentalsjukhusets lobotomireserv... ja, man undrade? Då var det nästan som om hela kassakön applåderade, men bara nästan. Det hade de säkert gjort ifall de inte varit så pass förbannande, men någon ursäkt från kassörskan fick jag aldrig.

I kassörskans värld hade ju inget fel begåtts, trots att hon till slut återbetalade 268 kr.

Svårt att få ihop den logiken... Sinnessjukt var ordet!

Har aldrig råkat ut för någon lika idiotisk och otrevlig kassörska som denna. Varken förr eller senare. Hon stod i en klass för sig själv och gav de båda orden, INKOMPETENS och IDIOT, ett tydligt ansikte.

Vansinnigt att behöva argumentera i över tio minuter över något sådant här? Till och med en lobotomerad kloakråtta på LSD-rus hade förstått det idiotiska i det hela, men inte hon... Det var nästan så att man tappade hoppet om mänskligheten, för är folk så här förbannat korkade, är det lika bra att lägga ner direkt...

Hon kanske kom från besvärliga familjeförhållanden med inavel och annan skit, vad vet jag? Men har man större skonummer än IQ, kanske det inte var något annat att förvänta sig.

I normala fall hade historien slutat här, men det blev faktiskt en liten twist på historien i efterhand, som gjorde att jag kunde känna att någon form av universell rättvisa ändå hade skipats. Ytterligare fel skulle snart begås...

Ett par veckor senare var jag åter inne i samma affär och handlade. Denna gång var det endast några få saker som inhandlades, kommer inte ihåg vad jag handlade, men jag har för mig att det hela gick på drygt 200 kr. Jag betalade med två 100 kronors sedlar och en 50-lapp, skulle därför få tillbaka några tior i växel, det var då det hände... Ja, nu hände det något! I kassan satt (hör och häpna) samma amöba till kassörska som förra gången. Hon kände igen mig omgående och blev extremt nervös. Jo, jag hade sett att hon satt där, men kön var för lång för att det skulle vara någon vits att byta kö, därför stod jag kvar.

Jag hade inte handlat speciellt mycket och nu kunde det knappast bli fel, eller... Lite ångest kunde jag naturligtvis känna i bröstet, men det var amöban som hade gjort fel förra gången, inte jag. Därför stod jag kvar i kön.

Kassörskan blev alltmer nervös och istället för att få tillbaka några tior, snurrade hon till det rejält. Så här många år i efterhand kommer jag inte ihåg exakt hur stor summa jag fick tillbaka, men som jag kommer ihåg det hela, gick jag därifrån med gratis mat och mer än 150 kr i extra fickpengar. Det är mina absoluta minnesbilder från händelsen.

Först fattade jag inte varför jag fick tillbaka denna konstiga summa, men allvarligt märkt av den tidigare händelsen, höll jag käften...

Jag var fortfarande irriterad av händelsen från förra besöket och nu sitter samma spektakel till människa och gör ett kardinalfel åt totalt motsatt håll. Kanske var hon känslomässigt påverkad av att det var jag som stod där, för mitt skogstokiga utseende kom hon alldeles säkert ihåg, sedan sist.

Eller var hon bara fullständigt inkompetent av naturen.

Nu uppstod det naturligtvis en inre konflikt mellan det onda jaget- och det goda jaget.

Skulle jag påpeka felet och betala tillbaka pengarna eller var det betalning för gammal ost, som gällde? Känslomässigt var jag inte fullt återställd från förra besöket, därför tog jag pengarna och gick. Jo, jag gjorde faktiskt det. Jag var irriterad på människan och fortfarande i affekt, som det så fint heter. Ingenting jag var stolt över direkt, och givetvis fick jag dåligt samvete i efterhand (typ i en millisekund). I detta ögonblick tyckte jag att det var rätt åt henne och att synden straffar sig själv. Det var så jag tänkte.

Kassörskan fick säkert ersätta avvikelsen från den egna plånboken, men är man så urbota inkompetent, borde man byta jobb omgående. Naturligtvis är det mänskligt att fela, men hon var snarare ett mänskligt fel hela hon. Fel kvinna, på fel plats, oavsett vilken kassa hon satt i.

Den lobotomerade aphjärnan fick till slut lära sig hur verkligheten fungerade.

Så kan det gå om man får de hjärndödas fiende nummer ett som kund, nämligen Skogstokig himself.

13. Tandläkaren Gud glömde!

Var hos tandläkaren för återbesök i februari. Hade varit där för undersökning redan ett par veckor innan jul, då fyra röntgenplåtar togs, som alla visade att tänderna var i bra skick. Men jag hade varbildning i en tandficka och påpekade detta.

Man tog därför en riktad röntgenbild på denna tand, men inte heller denna bild visade något konstigt. Vilket var konstigt?

När jag ville få reda på varför jag hade problem med tandfickan, testade de känseln i tanden, som vid tillfället visade sig vara bedövad. Då drog den mentalsjuka cirkusen igång.

Nu skulle det spekuleras in absurdum. Var nerven död, eller var det en spricka i tandroten? Hela tiden fördes ett "worst case scenario" resonemang.

Med förkylning i kroppen och varbildning i en tandficka i kombination, antog jag att svullnaden i sig, var orsaken till att nerven påverkades.

Men man ska aldrig tycka något själv när man är hos tandläkaren.

Kunde inte problemet bero på att de svullna bihålorna tryckte på någon nerv, var min frågeställning? Jag blev då omgående idiotförklarad av näbbgäddan, som arrogant hävdade att man inte kunde få problem med tänderna i underkäken av bihålorna. Detta visste hon bestämt (återkommer till detta längre fram).

Jag fick därför en ny tid ca 1½ månad senare. Denna gång skulle det bli en riktad undersökning, för en kostnad av 500 kr. Undersökningen skulle vara underlag för kommande åtgärder.

Fanns det något problem? Måste tanden rotfyllas, eller till och med dras ut? Frågeställningar som nu skulle besvaras.

Nu var jag på återbesök och låter glatt meddela att problemet med tanden inte längre är något problem. Känseln i tanden var tillbaka, vilket de även testade, och tandköttet var inte längre svullet. Tanden var fullkomligt problemfri. Då måste allt vara bra, eller?

Nej, nu blev jag verkligen INTE populär hos tandläkaren och problemen blev alltmer omfattande i all sin dårskap.

Tandläkaren blev genast enormt ansträngd i attityden, när jag låter påskina att tanden inte längre är ett problem. Den enkla undersökningen, som skulle ta max 30 minuter och kosta 500 kr, hade nu ändrat karaktär i grunden. Nu hade de gått bakom ryggen och konspirerat, jo det är faktiskt sant!

Nu började helvetet på allvar...

Nu skulle de plötsligt borra bort all gammal lagning, en lagning som gjordes efter att jag bitit sönder tanden ca 2½ år tidigare. Vid detta tillfälle borde man naturligtvis ha sett en spricka i tandroten? Men det gjorde man alltså inte.

Sprickor i tandrötter kanske uppstår rent spontant, när som helst, hur som helst? Vad vet jag? Jag är förvisso inte utbildad tandläkare, men inte heller dum i huvudet. Jag tror inte att sprickor uppstår av sig själv, utan någon grad av fysisk påverkan. Men någon negativ påverkan på tanden kunde jag inte dra mig till minnes. Så hur hade då sprickan uppstått?

Nu rådde det inget tvivel om att jag hade en spricka i tandroten. Tandläkaren hade tolkat ut detta av röntgenbilden, eftersom hon redan tidigare sett att tandroten var inflammerad. Röntgenbilden som vid förra besöket inte visade på någon avvikelse överhuvudtaget, visade helt plötsligt något helt annat. Bara så där, helt utan någon som helst motivering. Rena trolleriet.

Märkligt kan tyckas? De ville omgående borra bort lagningen för att se om det fanns någon synbar spricka i tandroten, något den särskilt riktade röntgenbilden på tanden i så fall borde ha visat, kan man tycka? Jag argumenterade givetvis mot hela upplägget.

Kostnaden på 500 kr såg plötslig löjeväckande ut. Om lagningen borrades bort och tandläkaren därefter konstaterade att det inte fanns någon spricka, hade kostnaden med råge redan passerat tusenlappen, om tanden skulle återfyllas.

Givetvis skulle man oavsett resultatet, hävda att det fanns en spricka och att det var lika bra att dra ut tanden. Något som överhuvudtaget inte hade diskuterats vid det förra besöket.

Sedan ändrade man sig igen och bestämde att tanden skulle dras ut oavsett. Alternativet med rotfyllning, fanns märkligt nog, inte längre med i planen. Hur detta gick till förstod jag aldrig? Mig pratade man inte ens med.

Jag hade reducerats till en patient utan någon efterfrågad åsikt och vägrade naturligtvis ställa upp på deras diktatorsfasoner.

Jag förklarade ihärdigt idiotin i att dra ut tänder som jag inte hade något problem med. Då blir jag genast verbalt nedtryckt och i praktiken fullkomligt idiotförklarad. En lekman ska inte argumentera emot utbildade fackmän. Punkt!

Särskilt inte när man ligger upp och ner i tandläkarstolen. Man hävdade med överlägsen arrogans att det bästa är att rycka ut tanden. Passa på innan jag får ont, medan jag tycker precis tvärt om. Varför ska man dra ut en tand som är problemfri?

I förebyggande syfte, utan vetskap om det ens föreligger något annat fel än en djup tandficka? Detta om något, var ju idiotiskt.

När jag frågar om tandfickan inte kan läka av sig själv, får jag svaret att det kan den kanske, men det kommer INTE att ske. Punkt! Detta visste man minsann!

Attityden hos den kvinnliga tandläkaren var extremt jobbig och hon retade sig på att jag argumenterade mot henne hela tiden. Hon ville dra ut tanden på grund av att jag eventuellt kunde få ont i den om en vecka, om en månad, eller om ett år.

Men varför skulle det överhuvudtaget bli något problem?

Vid framtida problem får jag väl återkomma, förstår inte varför detta skulle vara ett problem? Jag tycker att det rör sig om våldsamt mycket pengar. Någonstans mellan 12-20 000 kr skulle det ju kosta.

Då får jag en riktig otrevlig snäsning tillbaka om att det minsann är mycket jobb med att fixa detta. Precis som om jag skulle bry mig? Likt förbannat en stor ekonomisk utmaning för att ersätta en tand, man inte ens kan hitta något fel med. Att laga eller byta ut sådant som inte är trasigt, är rena vansinnet. Varför skulle jag gå med på detta?

När jag framför teorin om att det var den infekterade och svullna tandfickan som tryckte på nerven och gjorde tanden bedövad, blev jag genast bryskt idiotförklarad, av näbbgäddan. Sedan får jag veta att det minsann är många som har lärt sig leva med utdragna tänder. Va...?

Förstår överhuvudtaget inte hennes idiotiresonemang. Jag skiter väl i vad andra gör, eller inte gör, med sina tänder. Det är väl för satan inte mitt problem. Varför skulle jag bry mig om detta?

Det finns folk som amputerar sina ben, sätter ringar i ollonet, och tatuerar sig i ansiktet också. Detta är inte heller mitt problem!

Gör skillnad på sak och person!

Detta handlar enbart om min mun och mina pengar, inget annat. Dessutom gillar jag inte när folk försöker styra mig och mina beslut, genom att förminska mig som person. Allt bluddrande i kombination med den oseriösa och bitvis oförskämda behandlingen gjorde att jag blev extremt irriterad.

Idiotresonemang ända in i röven. Fy fan! Nu var jag arg på allvar.

Först görs en riktig dålig undersökning, därefter lovas saker som sedan visar sig vara ren lögn. Man blir dessutom otrevligt bemött när man ifrågasätter de ologiska och felaktiga resonemangen.

Som slutkläm säger tandläkaren:

"Då lagar vi inte heller den ytliga skada som finns på den aktuella tanden".

Det hade gått ur en flisa i tanden, vilket gav upphov till vassa kanter. Vassa kanter som hon nu vägrar åtgärda som straff för att jag nekade henne att dra ut tanden. Logiken haltade lika mycket som en enbent myrslok med träben.

Märkligt, men jag orkade inte tjafsa. Jag har tidigare haft höga tankar gällande Folktandvården, men nu är man tydligen nere på en primitiv apnivå, även där.

Inte fan drar jag ut en tand, orsakar smärta, och andra olägenheter i munnen, samt tvingas uppsöka tandläkaren ett flertal gånger för vidare behandlingar, betalar runt tjugotusen kronor och gör allt detta, trots att det inte finns några som helst problem med tanden. Är det så här man lurar och bedrar folk hos tandläkaren nu för tiden? Kör över och idiotförklarar människor som inte kan, vågar eller orkar stå upp för sin rätt. Men jag vågar, orkar och kan!

Man påtalade att jag fick återkomma ifall det uppstod några problem, och om de inte hör något ifrån mig, kallar de till ny ordinarie undersökning om ett par år.

Nu verkade man inte ens själva säkra på tandproblemen. Jag blev dock med ens, totalt oviktig som patient, när jag hårdnackat vägrade ställa upp på deras idiotresonemang.

Prolog:

Nu hade det gått ett par år sedan förra tandläkarbesöket och tanden var fortfarande problemfri. Däremot fick jag året efter besöket, en våldsam attack av en inflammerad vagusnerv, vilket gjorde att jag åter tappade känseln i den aktuella tanden. Dessutom fick jag våldsam tandvärk, men nu i överkäken där den aktuella tanden INTE satt.

Jag hade även problem med vänster öra och värken vandrade därefter upp till vänster öga, och som grädde på moset, fick jag även våldsam huvudvärk som strålade upp mot den vänstra tinningen. Allt detta, inklusive problemet med den aktuella tanden, kunde jag härleda till svullna och inflammerade bihålor, som i sin tur tryckte på vagusnerven, vilket orsakade problemet.

Så teorin gällande bihålorna, vilket tandläkaren idiotförklarade mig för, visade sig till slut vara själva grundproblemet. Efter att jag upptäckte grundkällan till problemet och använde nässpray mer frekvent, försvann problemen nästan helt och hållet. Men historien slutade inte här, ifall någon nu trodde detta. Dårskaperna rullar tyvärr vidare...

14. Tandläkaren Gud glömde – 2½ år senare!

Vid förra tandläkarbesöket råkade jag ut för en arrogant och otrevlig tandläkare, som gjorde allt i sin makt för att få dra ut en frisk tand från mitt gap.

Två och ett halvt år senare fortsätter historien och samma tandläkare läser i journalen att jag hade haft problem med en tand vid förra besöket. Problemet var ju att de inte hade upptäckt någonting alls förra gången, i alla fall inte förrän jag själv hade påpekat om känselbortfall i en tand och en varfylld tandficka. Men då drog vansinnet igång...

Denna gång var tandläkaren betydligt trevligare, hälsade och kallade mig vid förnamn osv. Men därefter var det åter samma idiotfokus på tanden.

Tanden hade varit problemfri nästintill i tre år (vagusnerven undantaget), men nu tog man omgående en extra röntgenbild, som inte visade ett skit. Då togs ytterligare en bild, som inte heller visade något. Nu blev man frustrerade och insisterade omgående på en tredje bild. En bild som tydligen visade något... men vad den visade, det vet jag fortfarande inte.

Men man letade tydligen efter något att slå ned på.

Jag fick titta på röntgenbilden från 2015, kontra den nya bilden, och kunde inte se någon direkt skillnad. Tandläkaren pekade upphetsat på bilden för att få mig att fokusera på den enorma förändringen, vilken jag inte ens kunde se, och jag säger:

"Nej, det har väl inte hänt mycket på nästan tre år"!

Men det var inte rätt svar, för tandläkaren påpekade att jag hade en inflammation i tandroten och att tandbenet höll på att ätas upp av bakterier... ööhh! Men vänta nu... stopp och belägg! Stopp, stopp, stopp!

Nu var det kokta fläsket ändå stekt? Hör och häpna, för vad säger människan...?

Jag hade alltså en inflammation i tandroten och fick reda på att penicillin inte kunde ta bort bakterierna i tandroten. Även om det var möjligt, brukade det ändå alltid bli värre efter. Ööööhhhh?

Va? Nu måste väl ändå inkompetensen stå som spö i backen? Nu måste väl ändå måttet vara rågat?

Bakterier, penicillin och inflammation?

I sin iver över att försöka övertala mig, faller hon själv omgående ner i gropen hon håller på att gräva.

Inflammation uppkommer genom att kroppens immunförsvar reagerar, medan en infektion är ett angrepp av bakterier... men vilka av dessa två alternativ som gällde för mig, var tyvärr okänt?

Hon pekade därefter på en annan del av röntgenbilden för att förstärka sitt expertutlåtande, men jag visste inte vad jag förväntades uttyda av den diffusa bilden. Jag är varken tandläkare eller expert på röntgenbilder. Det enda jag kunde se var måttliga förändringar mellan de olika bilderna, i övrigt visste jag inte mer än vad tandläkaren försökte sälja in.

Argumentationen målade upp en dyster bild om vad som skulle kunna hända, och vad som måste göras för att förhindra denna hypotetiska pseudokatastrof. Man ville åtgärda ett problem som inte existerade, förhindra komplikationer som eventuellt skulle kunna uppstå om problemet som inte existerade, ändå hade existerat. Allt från digerdöden till hemorrojder skulle tydligen drabba mig om tanden inte omedelbart drogs ur. Katastrofen skulle drabba mig likt en tsunami. Men det fanns alltjämt ett stort aber, för katastrofen existerade endast i tandläkarens huvud.

Allt verkade åter gå ut på att försöka övertala mig, och mina motargument viftades omedelbart bort eller lämnades obesvarade. Tandläkaren konstaterade krasst att tandroten var död och då var det bara så! Punkt!

Död, död, död! Tanden var död – punkt slut!

När jag åter totalvägrar att dra ut tanden, återgår man till alternativet där man istället ska borra ur hela lagningen. En åtgärd som skulle fördyra processen avsevärt, men ändå leda till att tanden skulle dras ut. ...

Men hur visste tandläkaren att tandroten var död?

Hur kunde man veta att tanden var död, utan att göra en ordentlig undersökning, detta förstod jag inte? Man hade sett en marginell förändring på röntgenbilden. Något som lika gärna kunde ha varit en naturlig åldersförändring och utifrån detta hade man dragit en oseriöst onykter slutsats.

Man trodde att tanden är död, men visste, det gjorde man inte. Men nu skulle ett sensibilitetstest utföras på tanden, vilket är ett elektriskt test av en tand. En död tand har ingen känsel. Denna procedur utfördes enbart för att övertyga mig om att tanden var död och inte för att säkerställa någon prognos. Men hur visste jag nu detta?

Jo, genom att lyssna på konversationen mellan tandsköterskan och tandläkaren, samt att googla på det hela i efterhand.

Man gjorde ingen jämförelsetest på friska tänder, som brukligt. Testet utfördes på själva plastfyllningen, vilket kan isolera och undergräva förutsättningarna för ett korrekt test. Jag kommer ihåg att jag reagerade på att testet utfördes på ett avvikande vis just denna gång. Detta tyckte jag var märkligt. Dessutom använde man en svagare testvariant, i jämförelse med de två tidigare testerna. Men hur visste jag detta?

Jo, jag hörde sköterskan fråga tandläkaren med sina facktermer, och jag hörde hur hon fick order att förbereda för det mindre och svagare testet, istället för det normala. Vilket skulle ha varit mer relevant om ambitionen hade varit att testa tandens känsel på ett seriöst sätt.

Jag var varken döv eller idiot, vilket man tydligen trodde!

Känslan var att man medvetet utförde ett bristfälligt test, enbart med syftet att övertyga mig att göra en åtgärd. Men det fanns bevisligen känsel i tanden, vilket det felaktigt utförda testet nu skulle motbevisa. De var redan innan testet säkra på att tanden var död, detta på grund av en tandficka, samt en diffus röntgenbild.

Tycker också det är märkligt att man stoppar ner en sticka i tandfickan och röntgar enbart för en ökad visuell bildeffekt, utan någon annan egentlig funktion. Ett grepp som dessutom fick den "döda" tanden att smärta till flera gånger efter avslutad undersökning.

Om jag hade drabbats av inflammation eller infektion i tand eller tandrot, vilket var några av teserna man försökte sälja in, saknade jag några av de vanliga symptomen, som kraftig smärta, svullnad eller kraftig feber. Är tandroten däremot död, har tanden ingen känsel överhuvudtaget och då går det att rotfylla helt utan bedövning. Men jag hade ju känsel i tanden (förutom vid det märkliga och i mitt tycke totalt felaktiga sensibilitetstestet), inte heller någon smärta i eller runt omkring tanden, dessutom ingen svullnad och definitivt ingen feber. Inte ens tandfickan var längre något problem.

Dessutom ska inflammationshämmande värktabletter, med ämnet ibuprofen, undvikas före ett sensibilitetstest, eftersom detta kan hämma ett korrekt utfall. En värktablett jag hade tagit båda gångerna innan besöket, men detta var det givetvis ingen som frågade om.

Absolut ingenting tydde därför på att tanden var inflammerad, infekterad eller död. Men de var naturligtvis ännu mer säkra att på att tanden var död efter det oseriösa och slarviga utförda testet, där man var väldigt noga med att köra strömmen genom en plastlagning, istället för emaljen. Plast leder ju ström mindre bra, som alla vet.

Förra gången jag var hos tandläkaren, hade huvudteorin varit en spricka i tandroten. En teori som nu var död och begraven. Förra gången var det endast detta som gällde, men denna gång var tanden istället inflammerad med bakterier (?), samt död. Hur detta nu ens är möjligt? Nej, jag hörde faktiskt INTE fel, gällande detta svammel.

Sprickan fanns alltså inte längre, för detta kunde nu plötsligt uteslutas via röntgenbilden.

Anledningen till att de nu ville borra ur tanden, rensa alla kanaler och därefter rotfylla tanden, var att jag kunde få ont annars (varför inte gå till tandläkaren då i så fall?), att tandbenet kunde gröpas ur över tid (det löser vi väl när det blir ett problem) eller att jag kunde få blodförgiftning av bakterierna i den döda tandroten (en grundlös hypotes helt utan vetenskaplig bäring). Ingen visste ju om bakterierna ens existerade. Det existerade inte heller något prov eller biopsi. Man bara gissade och hittade på, hela tiden.

Om jag går till läkaren för ett skavsår, inte fan amputerar de hela foten, bara för att jag rent hypotetiskt kan få kallbrand.

Men det hela hade nu blivit en principsak och det störde dem kolossalt, jag att ville bestämma över både mun och plånbok. De tyckte därför att jag skulle gå hem och fundera över vad jag ville göra?

Varför skulle jag göra något överhuvudtaget när det inte fanns några problem? Jag visste ju redan vad som skulle göras – Ingenting!

Vi skiljdes därför åter som ovänner, där jag behandlades som en olydig skolelev i småskolan. Respektlöst och oprofessionellt på alla sätt och vis.

Ytterligare två och ett halvt år senare, blev det åter dags för en ny undersökning, men denna gång var det, tack och lov, helt andra personer som utförde undersökningen ...

Jag hade naturligtvis inte haft några problem med tanden sedan sist, eller ens upplevt att det skulle vara något konstigt med tanden, förutom att en bit av tanden hade varit borta några år. Det var en vass kant, samt en rejäl glipa, som gjorde att jag var där och pillade med tungan ibland, annars inga problem överhuvudtaget.

Röntgenbilden visade inte upp några sprickor, eller döda rötter denna gång heller. Däremot fick jag kommentaren om att det såg mycket bättre ut nu, än vad det gjorde på den äldre röntgenbilden. Ooops! Det som tidigare var en konstaterad skada, såg plötsligt, betydligt bättre ut... två och ett halvt år senare.

Några spruckna tandrötter, söndervittrade tandben eller diffusa bakterieangrepp gick inte att uppbringa. Dessutom togs ett beslut om att tandflisan som tandläkaren tidigare hade vägrat laga, nu skulle åtgärdas.

Tandbenet som tidigare höll på att försvinna under den döda, men icke döda tanden, hade nu mirakulöst nog återbildats, trots att detta var den springande punkten i resonemanget kring varför tanden skulle dras ut. Men nu var tandbenet helt plötsligt återbildat och den döda tanden inte död överhuvudtaget. Det tog tyvärr mer än fem år att få denna upprättelse.

Med facit i hand, såg vi också vem som fick rätt till slut. Idioten som inte var utbildad tandläkare ställde en bättre diagnos än den utbildade tandläkaren...

Jag blev idiotförklarad, förnedrad och illa behandlad under lång tid. Nu hade jag fått upprättelse. Historien visar att man inte ska lita blint på olika former av specialister, bara för att specialisterna har en annan åsikt.

Den egna kroppen känner man bäst själv, vilket denna historia är ett levande bevis på. Åsikter eller förutfattade meningar kan aldrig ersätta en professionell hantering. En sund motargumentation ska naturligtvis inte heller generera någon irritation eller hämndlystnad hos den professionella aktören. Hela härligheten borde givetvis ha anmälts, men jag orkade inte.

Upprättelsen var tillräckligt, men även vetskapen om att jag hade rätt hela förbannade tiden. Men det visste jag ju redan!

15.   Tjenare Ulf Malmros!

Hösten 2004 hade min dåvarande arbetsgivare, i dalsländska Brålanda, tillhandahållit vissa delar av arbetsplatsen för en extern filminspelning. Arbetsplatsen ifråga var en processfabrik för frysta livsmedel. Filmen som spelade in några scener på vår arbetsplats var *"Tjenare Kungen"* av Ulf Malmros, en film som hade premiär på de svenska biograferna hösten 2005.

Vid ett specifikt tillfälle filmades en scen inuti själva produktionslinan. Men detta var ett undantag, annars höll filmteamet till i en äldre del av byggnaden, samt i ett av våra omklädningsrum.

Den 30 september 2004 skrevs följande om inspelningen i Aftonbladet:

"Korvarna haglar över fabriksgolvet när filmen "Tjenare Kungen" spelas in.

– Är du utvecklingsstörd? ryter korvfabrikant Lundström i Kjell Bergqvists gestalt.

Tjejpunkare är inte gjorda för löpande band. Hårskydd med skärm, vita rockar och blå plastpåsar på fötterna. Hur punk är det på en skala? Man kan förstå att Abra och Millan lackar ur.

– Vad fan har jag gjort dig? Jävla pissjobb, skriker Abra och grabbar tag i en näve korvar från det löpande bandet. Plötsligt flyger de genom luften och knockar korvfabrikant Lundström i nacken.

– Tack, vi bryter där! ropar Ulf Malmros."

När denna scen spelades in var jag inte personligen närvarande. Jag hade jobbat sent kvällen innan och scenen spelades in redan på förmiddagen dagen efter. Men jag var tillfrågad av inspelningsledaren om att medverka bakom kulisserna vid inspelningen av just denna scen.

Efter att ha skakat tass med Ulf Malmros och några fler från inspelningsteamet, hade jag fått reda på uppgiften som tilldelats mig bakom kulisserna. Detta var givetvis intressant, men jag blev ändå tvungen att fråga en kollega om han kunde ta över uppgiften istället, och det ville han ju. Det vanliga jobbet fick gå före, trots allt ... Idag hade jag möjligen försökt prioritera lite annorlunda!

Vilken var då uppgiften vi hade fått till oss från inspelningsteamet?

Jo, när man spelade in korvscenen med bl.a. Kjell Bergqvist, skulle det naturligtvis pysa ut ånga i bakgrunden. Man spelade in scenen i den del av fabriken som endast var i drift sommartid, då man processade ärtor där. Nu slängde man istället ut korvar på ett transportband, som de två kvinnliga huvudrollsinnehavarna sedan låtsades stå och sortera, (eller vad det hela nu var tänkt att föreställa?).

Men i bakgrunden skulle det alltså pysa ut ånga.

Klart att det ska pysa ut ånga i en fabrik, det vet väl alla? I alla filmer där handlingen utspelas i ett maskinrum, pannrum eller någon form av fabrikslokal, ska det ta mig fan, alltid läcka ut ånga i olika grad.

Inte via olika ångfällor då, utan läcka ut lite hur som helst. Givetvis måste det till läckande ventiler, läckande rör, eller varför inte ett ångrör som står och läcker ånga rakt ut i luften! Bara så där... helt utan anledning. Irriterande, men det är tydligen så det ska vara i fiktionens värld. Ett gäng ångeffekter i bakgrunden skulle därför se bra ut i kameran, enligt filmteamets önskemål, och så blev det också.

Min kollega fick ta över uppgiften. Han manövrerade diverse slangar och ventiler, så att ångan pyste ut enligt önskemål. Detta skulle tydligen göra bakgrundskulissen mer levande under tagningen. Vad detta nu ska betyda, men visst såg det okej ut när jag tittade på scenen i den färdiga filmen.

Men för 99.99% av den genomsnittliga betraktaren är det ändå skit samma, men givetvis fungerade det fint som en detalj i bakgrunden.

Det enda som annars var igång under själva tagningen, var transportbandet med korvarna, samt den utsläppta lågtryckångan, och de tre skådepelarna. Ja, samt de flygande korvarna, förstås. Tillkom gjorde några statister från den ordinarie fabrikspersonalen, som agerade mänskliga kulisser i periferin.

Korvarna undrar ni säkert, hur kom de till transportbandet? Jo, det stod en person och hällde på korvar utanför bild. Mer komplicerat än så, var det inte.

Kjell Bergqvist, träffade jag tyvärr aldrig, men annars träffade jag stora delar av det övriga inspelningsteamet vid ett flertal tillfällen. Bland de första jag talade med var regissören Ulf Malmros, samt den kvinnliga sidekicken (som möjligen var inspelningsledaren/regiassistenten, eller något liknande). Jag hälsade även på de kvinnliga huvudskådespelarna i filmen.

Senare under inspelningsdagarna fick jag även förmånen att stå alldeles bredvid regissören Ulf Malmros när filmteamet filmade en skarp scen i den andra fabrikslokalen, mitt under den skarpa livsmedelsproduktionen. Ordinarie personalstyrka i fabriken fick order om att hålla sig utom synhåll vid själva tagningen, men jag stod bakom vid kamerateamet och fick därmed en extremt nära (och bakom kameran) inblick i hur det går till när en scen filmas.

Kanske stod jag alltför nära, eftersom jag fick några arga blickar från en person? Denna scen, liksom den förra korvscenen, går att se i den färdiga filmen.

Men jag syns givetvis inte!

En halvtimmes jobb denna gång, blev kanske 15-25 sekunder i den färdiga filmen.

Anledningen att jag stod där bakom kameran vid inspelningen, berodde på att inspelningsteamet stod och filmade precis mellan de två stora processfrysar, jag hade ansvaret för. Jag ansvarade för den tekniska, kyltekniska, samt den produktionstekniska delen, på en och samma gång. Detta var mitt ordinarie jobb och hade naturligtvis ingenting med filmteamet eller inspelningen att göra. De kunde alltså inte köra bort mig, för det var inte jag som inkräktade på deras arbetsyta, utan tvärt om.

Plötsligt kände jag mig nästan som Mr Bean, och jag väntade bara på att Murphy skulle börja rida mig, när som helst. Jag såg en inre film spelas upp, där jag snubblade och välte omkull Ulf Malmros. Samtidigt som jag drog med mig både kameramannen och ljudkillen i fallet.

Men detta hände förstås aldrig! Men möjligen skulle jag istället nysa, hosta eller göra något annat konstigt ljud som förstörde ljudupptagningen? Nej, ingenting av detta hände heller... kors i taket! Jag klarade detta galant, vilket jag är stolt över. Jag sabbade absolut ingenting. Jag vet, det är helt otroligt, men är faktiskt sant. Egentligen borde jag stå med i eftertexterna, med kommentaren:

"Ett stort tack till Skogstokig som varken sabbade eller förstörde något under filminspelningen".

En annan scen spelades in i herrarnas omklädningsrum, som i filmen istället blev damernas. Man designade även om inredningen från 2000-tal till 1980-tal, samtidigt som jag var inne i duschen och tvagade mig efter arbetets slut. Jo, faktiskt. Jag var inne och duschade!

Kändes rejält skruvat faktiskt. Ungefär som en förberedande tidsresa. Där står jag naken i duschen, medan killarna i filmcrewet skruvar ner pappershållare, placerar om klädskåp och monterar nya skyltar, alldeles utanför. Sedan kommer jag ut ur duschen, torkar mig, byter om, utan att någon av filmpersonalen varken noterar min närvaro, eller bryr sig ett skit om vad jag gör.

I den färdiga filmen, kan både omklädningsrummet och det egna klädskåpet, ses i en scen (*Wow, MITT klädskåp har varit med i en svensk långfilm, det är det inte många som slår!*). Men det mest skruvade med scenen är att tjejerna öppnar dörren till duschen, går in, och kommer ut på en lastbrygga i Göteborg.

Genom att öppna och gå igenom denna dörr, transporterade huvudpersonerna sig ca 12 mil på en sekund, det är häftigt. Tjejerna öppnar alltså dörren och går in i samma duschutrymme, som jag dagen innan var inne och tvagade kronjuvelerna i. Där ligger ni allt i lä, gott folk...

Jag hade tvagat mig i denna sunkiga dusch hundratals gånger tidigare, men aldrig kommit ut på en lastbrygga. Med filmens skruvade logik borde även jag ha stått på en lastbrygga i Göteborg och tvagat kronjuvelerna inför öppen ridå, men så blev det inte (som tur var). Men i filmens fantastiska värld existerar inga ytliga begränsningar. De som säger att kameran inte ljuger, de ljuger, för denna gång ljög ju kameran rejält.

Man huserade på platsen under ca två veckors tid, men i filmen blev det ändå inte många minuter. Det är dessa tre scener som jag kommer ihåg, men det kan naturligtvis finnas några fler (korta) scener i filmen som jag har förträngt eller missat.

De två stora huvudrollerna i filmen hade Josefin Neldén och Cecilia Wallin, övriga huvudroller spelades av Malin Morgan och Johanna Strömberg, övriga medverkande i filmen var Kjell Bergqvist, Joel Kinnaman, Morgan Alling, Kjell Wilhelmsen, m.fl.

Handlingen var enligt följande:

"Det är 1982. 19-åriga Abra bor i lilla Billingsfors och är den enda punkaren. När syntbandet Happy Gigolos sticker därifrån efter en misslyckad spelning hänger hon med till Göteborg och bestämmer sig för att starta ett punkband, Tjenare kungen, tillsammans med Millan. Drömmen är att få ge ut en singel till jul."

Men detta var inte den enda film som spelades in på detta ställe.

Några år senare var det åter dags, men detta är som man brukar säga, en helt annan film...

16.   När jag morsade på Rupert Grint!

Denna andra film spelades delvis in i samma fabrik, endast några tiotals meter från platsen där transportbandet med korvarna i *"Tjenare Kungen"* figurerade 2004. Sju år senare var dock ägarstrukturen för både fastighet och företag förändrad.

"Into The White" hette denna norska film av Petter Naess, där svenska Film i Väst återigen fanns med som medproducent.

Denna gång var inspelningsplatsen en uppbyggd och inredd jaktstuga, placerad inuti ett aktivt fryslager. Med en temperatur på 10-20 minusgrader, blev köldeffekterna i filmscenerna också genuint verkliga. Kylaggregaten var dock avstängda under själva inspelningen. Man behövde alltså inte låtsas, när det gällde den isande kylan. Men det var endast vissa dagar som den extrema iskylan behövdes, andra dagar nöjde man sig med några få minusgrader.

Den lilla inredda stugan inuti fryslagret var naturligtvis till stora delar fejk. Vilket var en nödvändighet, eftersom ljud, ljus och inspelningsutrustning med personal, måste få ta plats för att göra sitt jobb.

Rekvisitan var dock äkta och bestod av några sittbänkar, ett antal väggfasta våningssängar, ett bord, en takhängande fotogenlampa, en kamin, samt några gamla böcker från ett antikvariat. Böckerna och en del annan rekvisita slängdes sedan i en container när de hade gjort sitt jobb. Jag jobbade vid tillfället som teknisk resurs för fastighetsförvaltaren, som i sin tur hade fått uppdraget från konkursförvaltaren. Inspelningsplatsen ingick däremot inte i konkursboet, utan var en friköpt lokal. Jag hade ändå fullt tillträde, eftersom jag fungerade som en inofficiell (hemlig) teknisk resurs även för detta företag. Något som givetvis låg helt utanför mitt officiella jobbuppdrag hos fastighetsförvaltaren. Men detta struntade jag i, men är naturligtvis en helt annan historia.

Inspelningsplatsen låg i en del av industrifastigheten, som en tidigare anställd (m.fl.) hade köpt loss från konkursboet. I denna utköpta del jobbade några av mina tidigare arbetskamrater. Vd:n för detta nybildade företag, var även han en gammal arbetskollega. Därför kunde jag, utan problem gå fritt omkring även i denna fastighet. Men åter tillbaka till filmen.

Filmens handling beskrivs av CDON på följande vis:

"Into the White är inspirerad av en sann historia: Den 27 april 1940, högt över de norska fjällen skjuter ett engelskt och tyskt flygplan ner varandra efter en hård kamp.

Tre tyska och två brittiska piloter överlever olyckan och söker skydd i samma jaktstuga mitt i bergen. Trots att kriget har gjort dem till fiender, måste de samarbeta för att överleva den hårda vintern i den isolerade stugan."

*Info for dummies: Den isolerade stugan betyder i sammanhanget att den låg ödsligt belägen ute i den norska ödemarken, och inte att den var tilläggsisolerad på något vis! Men det förstod ni väl?

Man såg skådespelare gå omkring i sina jaktflygmunderingar mellan de olika filmtagningarna och de var även uppe i lunchrummet och hälsade på vid några tillfällen. Skådespelarna på plats var tyskarna Florian Lukas, David Kross, engelsmännen Lachlan Nieboer, Rupert Grint, samt norrmannen Stig Henrik Hoff. Enda personen som jag dock kom i kontakt med på något vis, var faktiskt Rupert Grint (mest känd för rollen som Ron Weasley i filmerna om Harry Potter). Honom råkade jag på vid några tillfällen och vi morsade faktiskt på varandra vid minst ett tillfälle, kommer jag ihåg. Inga konstigheter egentligen, utan bara vanligt normalt hyfs.

Men vi hade sprungit på varandra vid flera tillfällen tidigare, och han kände därför igen mig. Dessutom delade vi på något konstigt vis, ändå arbetsplats med varandra.

Det är möjligt att han trodde att jag var någon slags extern resurs som hade någon koppling till Film i Väst, eller något liknande. Mina arbetskläder var ju klart avvikande från övriga anställda på platsen. Kan ha berott på detta, men jag vet faktiskt inte.

Jag hade egentligen ingen koppling till inspelningsplatsen, förutom att jag startade och stängde av kylan i fryslagret vid några tillfällen under inspelningsperioden.

Men nu möttes vi alltså, Skogstokig och Harry Potters gamle kompis. Två helt olika giganter, där den ena var en världskänd skådis och den andra var en helt okänd, (eller möjligtvis ökänd...) lokal mupp.

Rupert Grint hade på sig sina fräcka flygarkläder från andra världskriget och jag bar en skiten arbetsoverall, ackompanjerad av en fodrad svart vinterjacka.

Den enda skillnaden mellan oss, som båda två var på jobbet denna dag, var att jag mycket väl visste vem han var, men att han inte hade den minsta susning om vem fan jag var...

17.   Den arga knarkgrannen!

Nu ska det handla om en ytterst osympatisk granne, som vid tillfället för berättelsen bodde ca 300-400 meter från min dåvarande bostad. Händelsen utspelar sig någonstans ute på den västsvenska landsbygden. Orten, platsen och tidpunkten för det hela är oviktig...

Grannen tillhörde det specifika samhällsskikt man normalt inte vill ha i sitt närområde. Vi pratar om en medelålders, helsvensk kriminell drogmissbrukare, som dessutom var våldsverkare av rang. Mannens sambo, var även hon en duktig drogmissbrukare. Tyvärr hade detta tragiska par, även tre små barn.

En tjej på ca 3-4 år, och två pojkar i yngre skolåldern (ca 9-11 år), kommer inte ihåg exakt ålder på barnen, men även detta spelar mindre roll i sammanhanget.

Under en period var dessa pojkar hemma hos oss och lekte med våra söner. Men de båda syskonen var inga bra lekkamrater, i alla fall inte utifrån ett normalt föräldraperspektiv. Nej, det kan man inte påstå!

Det hände alltför många oönskade saker när de var hemma hos oss och lekte... t.ex. krossade fönsterrutor på ett uthus. Det sköts även med slangbellor och annat. De drog igång mängder med vårdslösa och ogenomtänkta lekar, som vi var tvungna att stoppa, titt som tätt. Bara deras närvaro, var tillräckligt för att skapa olustkänslor hos oss föräldrar.

Vi fick även hålla ett extra öga på våra plånböcker och annat värdefullt, när de var hemma hos oss. Tragiskt, men sant. Men när vi fick reda på att pojkarna försökte lära våra barn att använda kniv, blev jag upprörd på allvar. Nu talar vi inte om hur en kniv används för olika praktiska ändamål, typ tälja eller liknande. Nej, nu skulle man praktisera hur man använde knivar som vapen... Ja, där hade naturligtvis en gräns passerats. Det tror jag alla normala och ansvarsfulla föräldrar kan enas om...

Jag har för mig att det var det äldsta syskonet, av de två, som hade fått kniven av sin pappa. Det kunde vara bra att ha ett vapen, ifall han behövde försvara sig, tyckte pappan...

Ja, i pappans sjukt kriminella och drogpåverkade värld verkade detta kanske logiskt, men knappast i vår. Givetvis blev vi oerhört upprörda och skickade hem barnen på studs, samtidigt som vi påtalade den stora olämpligheten i deras agerande.

På ren svenska, sa jag att detta beteende var fullständigt oacceptabelt och kunde man inte acceptera detta, var man inte välkomna hos oss. Sedan nämnde jag något om de sönderslagna glasrutorna i uthuset. De nekade förstås... Men glasrutorna hade de ju pangat, för det hade våra söner redan berättat.

Men nu trampade jag, fan i mig, rakt ner i ett jordgetingbo!

Jag startade något jag inte längre hade kontroll över.

Nu hade jag verkligen skitit i det blå skåpet!

Jag hade, utan att själv veta om det, väckt ett monster till liv. För givetvis gick bröderna omgående hem till sin pappa och berättade vad jag hade sagt.

För säkerhets skull skarvade de ihop en lögnaktig historia som gjorde dem själva till offer. Fan vet vad de ljög ihop?

Det tog givetvis hus i helvete och pappan, som var en kriminell drogmissbrukande våldsverkare av rang, exploderade i ett vredesutbrott. Det är alltså ingen vanlig hederlig medelsvenssonfamilj vi pratar om här. Nej, nej... Klart att grabben ska ha kniv!

Pappan kom stormandes över till oss, kolsvart i ögonen av ilska. Han hotar mig mer eller mindre omgående. Barnen hade han med sig, givetvis för att lära dem hur olydiga grannar ska sättas på plats. Nu jävlar skulle rättvisa skipas...

Ja, här stod jag alltså öga mot öga, med en påtänd och vansinnig våldsverkare som hotar mig, för att jag inte accepterar vissa onormala beteenden i det egna hemmet. Jag riskerar alltså fysisk bestraffning från en granne, beroende på att mannens barn inte får leka med kniv, samt slå sönder fönsterrutor, hemma hos mig.

Jag hade fan ingen rätt att tillrättavisa HANS BARN. I mannens sjuka värld var det naturligtvis JAG, och INTE HANS BARN, som hade passerat en otillåten gräns.

För detta övergrepp, måste jag straffas på något sätt.

Argument som att barn inte ska ha knivar eller att fönsterrutor inte ska krossas, fungerade naturligtvis inte på den arga påtända knarkaren.

Jag skulle, fan i mig, inte tala om för HANS barn, vad de fick göra och inte göra...

Jag skulle, fan i mig, inte tala om för HONOM vad hans barn fick göra, eller inte göra!

Hans barn stod till svars inför HONOM, ingen annan... och definitivt inte inför mig!

Detta var alltså en person jag visste hade knivhuggit en av sina fyllekamrater i magen, vid en tidigare dispyt. Personen hade rykte om sig att vara extremt labil, och han brukade också ta hämnd för upplevda oförrätter. Ingen person som skulle retas upp i onödan alltså. Risken för våld och otäcka konsekvenser var nämligen överhängande...

Nu står jag öga mot öga med denna person. Han är i upplösningstillstånd över det påstådda övergreppet mot sina demonbarn. Svetten rinner och klumpen i magen växer...

Jag fruktade allvarligt för min hälsa, såvida jag inte snabbt som ögat kunde finna en lösning på situationen. Jag var också, mer eller mindre övertygad, om att han bar kniv.

Jag hade fått en bomb i knät. En bomb som nu höll på att brisera. En bomb jag inte visste hur man desarmerade, fast det var nödvändigt. Det som låg i vågskålarna var följande:

Att bli brutalt nedslagen och bli misshandlad på kuppen!

Att bli knivhuggen utan minsta förvarning!

Att bli utsatt för retroaktiva hämndaktioner av okänd art!

Men vad kunde jag göra för att lugna ned situationen?

Jag hade ju inte gjort något fel!

Självfallet kunde jag försöka försvara mig vid ett fysiskt angrepp, och samtidigt riskera att bli knivhuggen.

Att käfta emot eller argumentera i sak, skulle endast leda till ledsamheter, och mannen var redan ilsken så det räckte.

Att mannen saknade alla normala spärrar, det visste jag redan. Att han inte brydde sig ett skvatt om lag och ordning, likaså. Nej, att gå i öppen konflikt var inget alternativ, även om jag ansåg mig ha rätt i sakfrågan. Att ha rätt och att få rätt, behöver inte betyda samma sak. Själva sakfrågan underställt faktumet att jag kränkte sönerna, och därmed indirekt även honom själv, var mannens konkreta problem. För detta tilltag måste alltså ett rättmätigt straff utmätas. Jag måste straffas!

Jag hade enligt mannen, till och med pratat skit om honom, vilket givetvis var ren lögn. Men eftersom jag hade ifrågasatt kniven, ansåg mannen att jag indirekt också kritiserade honom. Det var naturligtvis sant, men han såg inte något problem med att sonen bar kniv som vapen...

Hjälp! Detta får inte vara sant, det måste vara en mardröm?

Javisst var det en mardröm... men tyvärr en verklig sådan.

Hur skulle jag ta mig ur denna hemska röra torrskodd, för det såg väldigt mörkt ut?

Nu pratar vi verkligen om "mission impossible!"

Jag fick helt enkelt göra samma sak som jag så framgångsrikt hade praktiserat vid flera tidigare tillfällen. Det vill säga - prata mig ur situationen. Jag har aldrig riktigt förstått hur detta går till, eller varför det ens lyckas? Men vid ett flertal tidigare tillfällen, har jag lyckats prata mig ur olika besvärliga situationen.

Det är naturligtvis svårt att försvara sig mot inbillade oförrätter, rena lögner, obegripliga hjärnspöken, eller fria fantasier.

Men vilka alternativ stod egentligen till buds?

Det normala förfarandet i sådana här fall, är att man försöker försvara sig verbalt. Något som i regel bara gör motparten ännu argare. Han (det är oftast en han) *"vet ju vad som hänt"*, då är det ytterst provocerande att jag står och förnekar det han redan vet... (Moment 22). Det enda framgångsrika sättet är istället att låta hjärnan styra munnen. Men det gäller att säga exakt rätt saker. Inte stå och mumla som ett berusat tryffelsvin, eller svamla likt en thinnersniffande mullsork. För kommer det ut ett enda felaktigt ord, eller något diffust argument, då är loppet kört. Då är det kokta fläsket stekt, grillat och rökt, på en och samma gång. Då skiter det sig totalt!

Man ska aldrig ta strid i frågor som på förhand, är utsiktslösa att vinna. Nej ingen 'flogging a dead horse-strategi"! Försök aldrig att få ordning på det omöjliga, för det är oftast omöjligt. Det går inte!

Det handlar aldrig om "rätt eller fel", utan endast om att lösa konflikten. Varför uppstod konflikten? Lös upp denna knut och konflikten avtar omgående i styrka.

Jag brukar av någon konstig anledning, få folk att lugna ner sig, bara genom att prata lugnt och sansat. Att vara lyhörd och lösningsorienterad är troligtvis en del av konceptet.

Jag har aldrig medvetet sökt konflikter, även om jag naturligtvis inte heller backar för dem, när de väl uppstår. "Hellre fly än illa fäkta", är mottot för min sunda riskminimering. Man ska välja sina strider med omsorg.

Men nu stod jag alltså i en skarp konfliktsituation, öga mot öga med denna aggressiva missbrukare med sin våldsbakgrund. Nu var det verkligen ingen lek, det var på blodigt allvar och jag kände instinktivt att det fanns endast en väg ut från denna farliga situation.

Jag var tvungen att lugna ner knarkpsykot. Hur fan detta nu skulle gå till? Att försöka brotta ner ett självmordsbombande och kokainstint tryffelsvin med dåligt humör. Ett kokainstint tryffelsvin utan impulskontroll, som dessutom var knivbeväpnad.

Detta var min motståndare, ja nästan...! Man står öga mot öga med en fullkomlig idiot. En idiot man måste försöka le snällt mot, samtala pedagogiskt och sakligt med, på en och samma gång. Motsägelsefullt, javisst, men det brukar fungera... Det underlättar givetvis att motståndaren inte är någon genomsnittlig Nobelpristagare i ett intellektuellt (och intelligens) perspektiv, utan snarare befinner sig på en nivå i form av en hög rutten potatis.

Jag kommer inte ihåg vad jag sa, eller hur jag lade upp retoriken. Men genom att prata lugnt och sansat, fick jag via halvlögner, halvsanningar och avancerade tungvrickerier ändå till sist, situationen hyfsat under kontroll. Jag lyckades lugna ner psykoknarkaren, och körde stenhårt med argument som att barnen missförstått budskapet, samt att jag hade skällt på mina egna barn, men inte hans barn etc.

Förmodligen förstod han inte hälften av det jag sa...

Men nyckeln till låset var att låta honom tro att han vinner, och att det aldrig fanns någon egentlig konflikt. Allt var missförstånd i flera led. Därför existerar heller ingen kränkning. Knuten är därför förhoppningsvis upplöst.

Här brukar personen tappa tråden och nöja sig med att han har segrat i konflikten, trots att han inte visste hur.

Tack och lov lugnade knarkmongot ner sig och det slutade istället med att han hotade mig verbalt. Denna typ av person måste ju alltid få vinna, även om han redan hade förlorat, men genom att avsluta med ett hot, kunde han ändå känna att han lämnade scenen som vinnare.

Nog fan hade han vunnit. Jag hade i hans ögon blivit uppläxad, gjort avbön och böjt mig för övermakten.

Rättvisa blev skipad (trodde han). Nu hade han visat sina barn hur uppkäftiga grannar sätts på plats. Nu hade han med sin handlingskraft, verkligen visat var skåpet ska stå!

Men jag skulle minsann få med honom att göra, om han någonsin fick höra någon (mer) skit från mig.

Vilka konsekvenser han syftade på, fick jag aldrig reda på, men det var säkert olika grader av fysiskt våld eller förstörd egendom som stod på agendan. Efter att viftat runt med knytnävarna i luften en stund, drog äntligen det drogpåverkade psykfallet sig tillbaka.

Själv var jag både knäsvag och helt tom i huvudet. Kände en oerhörd lättnad, för detta hade varit en enormt hotfull situation.

När han först kom, trodde jag att det var fullkomligt kört och hade jag käftat emot, skulle det hela nog ha slutat annorlunda. Mycket annorlunda...

18. Knarkgrannen slår till igen!

Ett par månader hade nu passerat sedan det hotfulla dramat på vår gårdsplan. Jag fruktade under lång tid att knarkpsykot skulle återkomma av någon anledning. Kanske skulle han lurpassa på mig när jag kom hem från jobbet sent på natten? Detta låter kanske en smula överdrivet, men en snedfylla eller en drogpsykos, och han hade kanske stått där med kniven och lurat på jakt efter upprättelse.

Men han kom aldrig och hälsade på igen... eller, jo, det gjorde han faktiskt... fast i ett annat ärende.

Denna gång var han relativt fredligt sinnad. Inte ödmjuk eller medkännande på något vis, men inte heller aggressiv eller arg. Likt en dynghög som slutat lukta skit, men som trots detta, ändå bara var en vanlig dynghög.

Knarkmannen var fortfarande en osympatisk social katastrof, försedd med en missbrukares alla kännetecken och nycker. Ungefär lika önskad som tre miljoner flatlöss i underlivet...

Nu ville han låna min gräsklippare. Eller rättare sagt, han SKULLE låna gräsklipparen, och det hela kändes mer som en befallning och ett krav, än en frågeställning.

Tack och lov hade jag köpt ny gräsklippare, men denna ville jag av förståeliga skäl inte låna ut. Risken var överhängande att klipparen aldrig skulle lämnas tillbaka.

Han fick därför låna den gamla dåliga klipparen istället...

Det mest imponerade med denna gräsklippare var att den ibland faktiskt fungerade. Men för det mesta var helvetesmaskinen endast ett komplicerat motionsredskap för högerarmen, åtminstone tills startsnörehelvetet rycktes av för 511:e gången. Men det fanns ändå en viss inbyggd variation i momentet, eftersom startsnöret emellanåt istället fastnade i fullt utdraget läge och då blev man tvungen att skruva isär skiten... Givna humörhöjare, som ni förstår.

En annan rolig egenskap hos klipparen var att tändhatten med viss regelbundenhet, vibrerade loss från tändstiftet när motorn väl fungerade. Därefter var det i teorin ca 50:50, om den åter gick att starta. Men som alla vet, är förhållandet 50:50 endast stabilt fram till dess man börjar dra i det förbannade startsnöret. Då ändras förhållandet blixtsnabbt till 80:20 i negativ favör. Murphy kontra moment 22!

Det var även något strul med förgasarens membran, samt att det var rejäl obalans i knivarna, vilket var anledningen till att tändhatten vibrerade loss efter en stund...

Men jag nämnde givetvis inte dessa små lustiga bonusegenskaper hos klipparen.

Gräsklipparen skulle jag få tillbaka, när han var färdig med den. I gengäld fick jag aldrig reda på vad han menade med detta diffusa påstående? I vanliga fall hade jag säkert fått tillbaka klipparen när gräsmattan var färdigklippt, men riktigt så tror jag inte att en sönderdrogad idiothjärna tänker.

Jag ville av uppenbara skäl, inte bråka med knarkgrannen. Han kunde ju tända till på sekunden, men klipparen skulle jag givetvis aldrig få tillbaka. Det var bara att inse att han aldrig skulle bli färdig...

Inte värt risken att tjata på knarkdåren. Jag påminde honom vid ett tillfälle. Han stirrade då argt på mig med sina dimmiga ögon, men svarade aldrig... Det var kanske lika bra att han behöll den gamla klipparen, jag hade ju en ny. Det var bara att strunta i principer, svälja förtreten och gå vidare i livet.

Knarkgrannen drog även till sig många av traktens mänskliga slaggprodukter, likt en färsk dynghög i sommarvärmen. Det var inte det övre samhällsskiktet som kom och hälsade på, utan mer skiktet som platsade under själva dynghögen...

Det var inte ovanligt att sup- och drogfesterna på helgerna, slutade med att farbror Blå kom på besök med blinkande ljus. Det hände titt som tätt. De kom även och gjorde husrannsakan vid något tillfälle. Inte heller ovanligt att dessa fester slutade med våldsamheter, där knivar, skjutvapen och yxor var en del av rekvisitan. Bråk om sprit, droger och pengar var det vanliga konfliktmaterialet.

Normalt räckte det att någon intelligensbefriad knarkmongo snedtände i sitt rus, för att det skulle braka loss!

Tack och lov, fanns det även andra platser i bygden där de kunde festa loss. Enligt initierade källor fanns det tillfällen, då det bevisligen förekom skjutningar med gevär, eller att man knackade på hos någon granne, genom att hugga yxan i ytterdörren... Inte folk man vill bjuda hem på söndagskaffe direkt!

Vid ett tillfälle kom en av mannens sup- och knarkgäster, i skydd av mörkret insmygandes på vår gårdsplan. Men eftersom vi hade utebelysning med rörelsesensorer, badade snart mannen i ljus. Han trodde då att han hade blivit upptäckt.

Vi ser inifrån huset att ljuset tänts på garageuppfarten och öppnar omgående ytterdörren för att kolla vad som stod på, och möter denna person vid farstutrappan. En kaxig och jobbig typ man inte ville ha in i huset. Personen i fråga kaxar dock ned sig rejält då han känner igen min dåvarande hustru, de hade träffats via jobbet vid något tidigare tillfälle.

Nej, de var varken vänner eller arbetskamrater, endast ytligt bekanta. Ja, ungefär som när man trampar i en hundskit. Trots distinkt närkontakt med den mjuka hundskiten, är det ändå inte något man gillar eller har någon större kännedom om, men man vet ändå att man har trampat i en hundskit. Ungefär så!

Men när knarkmongot känner igen hustrun, får vi omgående reda på syftet med besöket. Han tänkte (!) stjäla en av våra bilar. Det tyckte han inte var konstigt alls, förutom att han lät meddela att:

"Hade jag vetat att det var du som bodde här (sa han till hustrun), *skulle jag ha valt ett annat ställe för att stjäla en bil. Men jag visste inte att du bodde här!"*

Suck!

Försvinn med dig, ditt avskum till dynghög, sa jag... inte!

Besöket slutade med att jag blev tvungen att köra fanskapet till närliggande ort, ca 1 mil bort. Anledningen var naturligtvis att vi ville få bort honom från omgivningen, och våra bilar. Jag körde honom ensam, eftersom hustrun var kvar hemma med barnen.

Att hustrun skulle ha kört honom, tyckte bara knarkmongot själv var en bra idé.

När jag körde hem honom, förklarade han högljutt att han minsann var beväpnad.

Va! Vad säger aset?

Jo, idioten säger att han är knivbeväpnad.

Va fan...! Sitter aset i min bil och är knivbeväpnad?

Men han tänkte inte använda kniven mot mig, eftersom jag var snäll och skjutsade honom. Hmmmm!

Kunde faktiskt inte ta uttalandet som något annat än för vad det var, nämligen ett förtäckt hot. Jag förstod dock inte varför han säger detta? Men han hade väl supit och knarkat sönder hjärnan och tänkte förmodligen lika organiserat som en pårökt binnikemask?

Ska jag gissa, grundade sig nog det underliggande missnöjet i det faktum att det var jag som körde hem honom, och inte min hustru... sedan behöver man inte ha någon större fantasi...

Detta medgivande skapade givetvis en illa dolt stress i mitt inre, och under halva färden fick jag därför sitta på helspänn, beredd att armbåga sönder näsbenet på aset, om försökte sig på något djävulskap. Helvete nu blev jag indragen i något jobbigt igen!

Han tog, tack och lov, aldrig upp kniven, men ville hastigt bli avsläppt nära en parkering. Jag frågade om han bodde i anslutning till denna parkering?

"Nej, men nu ska jag gå och stjäla mig en bil..."

Helvete, tänkte jag högt och ljudligt inuti mitt sönderstressade huvud. Jag dumpade av honom kvickt som satan, och körde sedan därifrån så fort det bara gick. Jag ville bli av med honom fortast möjligt och samtidigt slippa bli indragen i något strul.

Vet inte vad som hände därefter och ville inte veta heller...

Men vad hände med den våldsamma knarkmuppgrannen och hans familj, kanske någon undrar? Jo, den sista sommaren (gräsklipparsommaren) knarkarfamiljen från helvetet var våra grannar, tappade även socialen till sist tålamodet. Vanlig fylla, knarkfester, kriminella handlingar, våldsdåd, stölder, rån och polisbesök, tyckte socialen inte var så allvarligt. Det var bara grannarna som fick socialens förbannade skit inskyfflat rakt in i sina liv, som tyckte annorlunda.

Klart att de ska bo på landet. Vi exporterar all skit dit istället... Frisk luft, kriminalitet, sprit och knark!

Fina grejer!

Suck!

Men när den 3-4 år unga dottern, satt och lekte på den asfalterade länsvägen alldeles utanför huset, samtidigt som föräldrarna låg utslagna i sina sängar inne i huset, då var måttet rågat även hos socialen.

Det trodde man inte... att det fanns en smärtgräns även hos socialen, men så var det...

Flickans bröder var inte hemma vid tillfället och kunde därför inte se efter sin lillasyster. Det fanns sällan mat eller något annat ätbart i hemmet, därför fick de snatta ätbara saker i den närbelägna affären, eller skaffa fram maten på något annat sätt.

Ofta var skolan räddaren i nöden för de båda bröderna, för där kunde de äta sig mätta... men helgerna var värre.

Föräldrarna söp och knarkade på heltid, så flickans bröder fick ta på sig ansvaret för att även lillasyster fick lite mat. Mamman var sällan kontaktbar på grund av det våldsamma missbruket, därför lagades det inte speciellt mycket mat i detta hem.

Någon tog hand om den lilla flickan där ute på vägen, sedan kom polisen, och socialen blev per automatik inblandade.

Inom kort blev barnen utplacerade i olika fosterhem. Paret flyttade sedan inom kort (kanske blev de vräkta?), utan sina barn till den närbelägna orten.

Det sista jag hörde om mannen, var att han blev tagen av polisen, samtidigt som han framförde en åkgräsklippare på den starkt trafikerade riksvägen, dryga milen från oss.

Givetvis var han rejält full och/eller drogpåverkad och var vid tillfället en stor fara för både sig själv och sin omgivning.

Åkgräsklipparen var säkert lånad eller stulen, men skillnaden mellan dessa två alternativ var i knarkmannens värld, troligtvis ytterst hårfin!

Okänt vad som hände sedan, men jag skulle bli synnerligen förvånad om paret fortfarande är i livet?

Men kan inte säga att jag direkt bryr mig...

19.   Folkilskna hundar, kräftor & hagelbössor!

Detta är en historia från mina yngre levnadsår, vars händelser för evigt är inetsade i hjärnbarken, trots alla år som har forsat fram under livets alla broar sedan dess.

Under uppväxten bodde jag på gångavstånd från en liten insjö. Där solade, badade och fiskade vi under sommarhalvåret. Här fanns även farfars eka. Men under ett antal år, under augustis andra hälft, nyttjades även sjön för tjuvfiske av kräftor.

Javisst, vi tjuvfiskade utan minsta skam i kroppen. Varför skulle vi skämmas? Det var ju vår medborgerliga rättighet att fiska kräftor!

Det var så vi såg på det hela, och därför var det inte heller någon brottslig gärning i våra ögon. Ungefär som att felparkera utan att blockera, hindra eller störa någon annan. Eller som att gå över gatan vid röd gubbe. Jag själv var dock så ung att jag inte ens behövde bry mig om lagens rättesnöre. För mig var det hela mest ett roligt och spännande äventyr. Att det var olagligt, gjorde snarare det hela ännu bättre!

I förgången tid fanns ett rikligt kräftbestånd i sjön, men 10-15 år senare var dock läget ett helt annat, då hade de flesta kräftor försvunnit på grund av kräftpesten. Hela beståndet försvann bara på några få år. Det sa puff! Sedan var de borta.

Vi tjuvfiskare var en liten kärntrupp av initierade personer i min absoluta närhet. Jag skriver inte vem de andra var, för det är ointressant i sammanhanget. Berättelsen handlar ju om mig och mina upplevelser. Men vi var nästan aldrig fler än som fick plats i farfars eka. Om jag inte minns helt galet, var vi som mest fyra-fem personer, men som vanligast tre-fyra till antalet. De gånger vi blev tvungna att fly ut på öppet vatten med ekan, var det jag och någon mer som fick ta hand om bevismaterialet. Kommer inte ihåg hur många år jag var aktiv som legitimerad tjuvfiskare, men någonstans runt 8-10 år, troligtvis.

Eftersom aktiviteten alltid påbörjades som tidigast runt, eller strax efter midnatt, fick jag inte kliva in i verksamheten förrän jag var runt 8-9 år. Trots den ringa åldern, var jag en mogen och klarsynt gosse, samt en riktig baddare på att fånga kräftor.

Förutsättningarna var följande:

Vi bestämde oss för en lämplig natt, helst skulle det varken vara fullmåne eller molnfritt, eftersom nattmörkret var vår bästa vän. Mulet, men helst inte ösregn. Mörka kläder på överkroppen och badbyxor var den vanliga klädkoden, eftersom aktiviteten gick ut på att vada barfota i vattnet vid den kommunala badplatsen.

Just denna del av sjön var att föredra på grund av den fina sandbottnen, där kräftorna var lätta att se mot den ljusa bakgrunden i ficklampans sken. Jo, som alla förstår gick vi och plockade kräftorna för hand!

Men då kanske någon vän av lag och ordning, uttrycker följande alarmistiska kommentar:

– *Men det var ju förbjudet!*

Strunt samma, eftersom hela grejen med tjuvfiske är olagligt i sig... det hörs till och med på namnet. Lägger man sedan till att jag vid samtliga tillfällen var minderårig (utom de sista åren), samt att det hela är preskriberat flera gånger om, är det närmast en icke-fråga idag. Men det var bättre förr.

Men det var klart att gossen skulle med och fånga kräftor... "Fånga *kräftor och lägga i en balja"*, som Eddie Meduza sjöng så fint i en av sina sånger.

Fast för oss kom baljan fram först när vi var tillbaka hemma igen, då vi öste ut kräftorna från våra hinkar och kassar. Kräftorna fick därefter samsas i en eller flera baljor, mörkt och svalt placerade i källaren. Tillagningen skedde först nästa dag.

Denna olagliga handling drabbade aldrig någon enskild, eftersom kräftorna i sjön vid denna tidpunkt, med råge kunde förse alla kräftfiskares (lagliga, som olagliga) behov. Risken att kräftorna tog slut var obefintlig.

Men nu utspelade sig hela scenariot en bra bit in i dåtiden, när svenska kräftor levde och frodades utan problem i våra vattendrag. Sedan kom det vissa signaler om kräftpest och annat elände, men då hade våra nattliga aktiviteter redan spelat ut sin roll på grund av turkiska köpekräftor och andra omständigheter.

Vet inte hur kräftpesten nådde denna lilla insjö, men troligtvis via besökare och deras fiskeredskap. Till detta kan vi lägga diverse kanoter och båtar komna från tidigare pestsmittade vatten.

Men tillbaka till tjuvfisket...

Vi hade en ficklampa per person, vars yttre del (ja, ficklampans yttre del, alltså...) hade en pappskärm påtejpad för att förhindra sidoljus, som kunde ses av obehöriga på avstånd. Endast en smal ljusstråle rakt fram var att föredra för bästa resultat.

Disciplin, teknik och väder var viktiga attiraljer vid utövande av denna nattliga aktivitet. Likaså total tystnad. Alla hade sina givna roller, inklusive vaktgång ifall det kom folk smygandes, vilket hände ibland. Hur vi skulle kommunicera vid fara och färde, hade vi kommit överens om redan då aktiviteten påbörjades. Vi hade med hinkar/plastkassar att lägga kräftorna i och vi var för det mesta ackompanjerade av farfars eka. Vi kunde då snabbt och smidigt fly ut på sjön vid behov. Att ro en eka helt ljudlöst hade vi tränat på innan, så detta var inget problem.

De första åren jag var med på dessa nattliga uppdrag, var också de mest spännande. Det första året hade jag tjatat mig med, eftersom denna happening verkade vara ett enormt spännande äventyr.

Jag var påstridig redan som barn. Jag kommer t.ex. ihåg pappas ord under det första skolåret, vid ett hastigt påkallat föräldramöte, angående mitt uppförande i skolan. Pappa sa då följande till skolfröken:

"Det meningslöst att försöka få honom att ändra sig. Har han väl bestämt sig för något, blir det också så. Det går inte att ändra på..."

Jag kommer ihåg en lektion i första klass, när jag högt och ljudligt, redogjorde för min personliga åsikt gällande religionskunskapen...

Givetvis blev jag utsläpad i örat av den arga skolfröken, och fick som straff sitta ensam i ett angränsande studierum under resten av lektionen. Men själv uppfattade jag inte detta som något straff och det var väl denna händelse, i kombination med diverse andra grejor, som gjorde att föräldramötet hastigt kom till stånd, kan jag tänka. Med detta vill jag säga, att jag redan i tidig ålder hade en järnvilja. Det var nästintill omöjligt att tvinga mig göra något mot min vilja.

Min vilja var givetvis lika stark åt det motsatta hållet, när jag själv ville göra något, men inte fick... Då förstår ni varför jag fick vara med och fånga kräftor, trots den ringa åldern. Klart att gossen ska med...

Efter något år var jag självgående gällande kräftfångandet, och under de sista åren vi höll på med detta hantverk, var jag den drivande kraften.

Tjuvfisket gick till på följande vis:

Vi sökte av den grunda och strandnära sjöbottnen efter kräftor. När vi såg en kräfta lyste vi på den med ficklampan, vilket gjorde att den först stannade till och därefter tog sats för att sätta sig i säkerhet, genom att snabbt simma baklänges mot någon skyddande sten.

När kräftan först stelnade till av det skarpa ljuset och sedan försiktigt börjar röra sig baklänges, var man där och snappade upp kräftan med handen, alldeles bakom kräftans ilsket viftande klor. Sedan var det bara att plocka upp kräftan och lägga den i det medhavda transportkärlet.

Vi fångade endast kräftor med lagliga mått, de små gynnarna fångade vi nästkommande år istället. De allra minsta slängdes därför tillbaka, trots att de rent tekniskt var lagliga, även om hanteringen i sig var olaglig. Det är inte olagligt att vara partiellt laglig, trots att man är olaglig i övrigt. Detta förstår alla utom polisen. Men den enda lag vi tjuvfiskare däremot förstår, är lagen som kräftorna ska kokas i.

Vi skördade så många kräftor som behövdes, aldrig fler och alltid för eget bruk. Hur många kräftor kunde en ostörd jakt då ge upphov till? Svårt att säga, men runt 60-80 kräftor gick det att få ihop på någon timme, ifall vi var 3-4 personer. Behövdes fler kräftor till kräftkalaset, plockades naturligtvis några kräftor till. Man ska då tänka på att de minsta kräftorna vi tog, oftast var bra mycket större än de största, som du normalt hittar i ett paket frysta kräftor av idag. Nej, sådant småkrafs ville vi inte ha med oss hem. Vi ville ha rejält bamsiga kräftor, inte några futtiga kräftliknande insekter.

Det största problemet de första åren, var att kräftfisket hade arrenderats ut till den närliggande fastigheten. Platsen för brottet var annars en kommunal badplats, så något formellt intrång gjordes aldrig. Givetvis hade vi lika stor rätt till dessa delikatesser som någon annan, så var det. I alla fall om du frågar mig!

Arrendatorn hade en folkilsken schäfer, vilken han bussade på folk som han misstänkte tjuvfiskade kräftor. Han hade även en hagelbrakare som han hotade folk med.

Enligt vad jag hörde som barn, hade han vid ett tillfälle skjutit efter några tjuvfiskande ortsbor, och på kuppen dragit på sig en polisanmälan.

Jag kommer ihåg att det fanns två namngivna ortsbor, som påstods vara de drabbade. Nu sköt säkert den galne arrendatorn endast varningsskott (eller med grovsalt). För någon potentiell mördare var han förhoppningsvis inte?

Att skjuta efter folk, var dock ett allvarligare brott än tjuvfiske. Jag vet faktiskt inte hur det hela slutade, även om jag har ett vagt minne av att det hela gick till åtal. Jag kommer dock ihåg att det blev lättare att tjuvfiska efter denna specifika händelse, så något straff fick han nog.

Arrendatorn hade näst intill betraktat den kommunala badplatsen som sin privata tomt, utom vid soliga sommardagar, då ortsbor och andra var där och badade. Men det var bara kräftfisket han hade rättigheterna till, inget annat. Minns att jag spanade varje gång jag passerade förbi fastigheten, på väg ned till badplatsen.

Den folkilskna schäfern hade man respekt för... och den var inte alltid kopplad.

Som liten knodd tyckte man det var enormt spännande med tjuvfiske. Smyga omkring med den specialpreparerade ficklampan, ivrigt lyssnande efter den galna arrendatorn med sin folkilskna schäfer. Vi smög, viskade, tisslade och tasslade, och höll en låg profil. Spännande var bara förnamnet!

Vid ett flertal tillfällen, fick vi under största möjliga tystnad, borda ekan och ljudlöst ta oss ut på det mörka vattnet. Många gånger helt i onödan, men minst en gång gick någon och spanade på stranden, medan vi satt knäpptysta i ekan. Det var förmodligen arrendatorn som försökte smyga sig på eventuella tjuvfiskare. Men vi satt kvar och lurade i ekan någon halvtimme eller så, därefter fullgjorde vi tjuvfiskeuppdraget.

Efter några år flyttade arrendator från gården och tjuvfisket blev i all hast, både enklare och säkrare, med bättre fångster och mindre organiserad logistik som följd. Risken för upptäckt hade dessutom minskat avsevärt.

Jag medverkande även i kräftkokeriet och var således delaktig i hela processen, från infångande till beredningen.

Nu är det möjligt, att någon krystad näbbgädda ondgör sig över att jag som barn fick medverka i dessa olagliga aktiviteter. Kunde detta verkligen vara lämpligt? Till er, säger jag följande - Sluta gnäll, det var bättre förr!

Med dagens måttstock hade det givetvis varit olämpligt, men detta utspelade sig i en helt annan tid. Jag var dessutom relativt mogen för min ålder och min medverkan var helt självpåtagen. Under de första unga åren var kräftexpeditionerna ett otroligt spännande äventyr. Efter hand blev det hela, mer och mer rutin.

Någonting som skulle göras och som vi sedan också gjorde. Jag var ett fullfjädrat kräftplockarproffs, redan vid 10-11 års ålder, och en stark drivande kraft i projektet.

Dessa spännande barndomsminnen, har följt mig genom livet. Barndomsnostalgi när den är som allra bäst.

Detta var långt före mobiltelefonernas, internets och dataspelens tid. Man fick greppa roliga och spännande moment i det verkliga livet istället. In real life! IRL!

Att fånga kräftor var dessutom något som hörde till vår upplevda medborgliga rätt, och som alltid slutade som en uppäten rätt.

Rätt eller fel, oavsett en massa kräftor rätt ner i magen, varje år. Stora, tjuvfiskade, hemkokade, svenska insjökräftor var en enorm smakupplevelse. Slurp och smaskens, där den olagliga kryddan gav en extra kulinarisk dimension till anrättningen.

Ingen kräfta är så god, som den kräfta man själv har tjuvfiskat.

Fånga kräftor och lägga i en balja...

20. En spikrak historia med rejält drag!

Hemma i barndomshemmet stod ett kylskåp i en trapphall. På ovansidan av kylskåpet hade min pappa lagt undan en del grejor. Saker som naturligtvis inte hörde hemma där, men placeringen ansågs barnsäker. Verkligheten skulle strax motbevisa detta antagande!

Jag var ca 9-10 år och nyfiken, som barn ofta är. Självfallet ville jag ha reda på vad som låg och skräpade ovanpå kylskåpet. Jag var lång för åldern och nådde upp med handen, men i ögonhöjd var det inte. Jag kunde alltså röra, men inte se.

Jag hade naturligtvis kunnat hämta en stol att ställa mig på. Men till sådana saker fanns ingen tid (eller lust). Jag var nyfiken och hade inte tid att vänta...

Med en stol inblandad, hade det blivit en "se men inte röra kontroll", så blev det inte. Det blev istället en "röra men inte se kontroll", eftersom jag sträckte på mig och rotande runt med högerhanden i blindo. Genom att känna runt med handen, kunde nyfikenheten snabbt botas.

Givetvis hände något oväntat. Plötsligt stack det till våldsamt i höger pekfinger. Sticket och den plötsliga smärtan i fingret, gjorde att jag ryckte till kraftigt med handen. Den instinktiva reflexrörelsen försökte rycka bort handen från den potentiella faran, vilket under normala omständigheter hade varit av godo, men inte denna gång. Nu gick det istället fullständigt åt pipsvängen!

Reflexen hjärnan hade skapat som en skyddsåtgärd, blev istället något helt annat. Eftersom "illa alltid blir värre" och "shit happens" är en naturlig konsekvens i alla skeenden, då Murphy tar strypgrepp på mig i ett återkommande moment 22 drama. Självfallet ramlade även denna händelse åt det negativa hållet. Det gick åt helvete, helt enkelt...

Det som hände där uppe på kylskåpet, var att jag hade fångat en riktig ful fisk. Jag hade manövrerat den späda fingertentakeln in i ett rejält fiskedrag, med hullingar och hela konkalången.

När jag reflexmässigt försökte rycka bort handen från den vassa hullingen, drog jag istället fingern rakt in i nästa hulling. Lika vass som den första, givetvis.

Illa blev omedelbart värre!

Den fula fisken var krokad.

Jag känner omedelbart smärtan rista till i fingret. Det högra pekfingret hade fastnat i något. Något tungt och smärtsamt. Till slut fick jag ändå upp den andra handen och tog försiktigt tag i det som hade fastat i fingret, nämligen en rejäl gäddkrona försedd med tre sylvassa krokar, samt ett tungt blysänke...

Jag fick bära med mig fiskeattiraljerna och ropa på min pappa som var hemma vid tillfället. Han hade semester, vilket givetvis var tur i oturen, annars hade jag varit ensam hemma.

"Titta vad jag har gjort", ropade jag högt och ljudligt, och visade fram det blodiga fingret.

Där stod jag med en stor fiskekrok, med hullingar och hela skiten, djupt fastkrokad i det högra pekfingret. Andra handen fick jag lyfta upp parallellt, för den greppade om det tunga blysänket.

Hullingen hade trängt in genom fingret, gjort en sväng och gått ut genom köttet igen, vilket omöjliggjorde alla försök till att dra ut kroken baklänges. Kroken satt väl förankrat inne i köttet. Hullingen hade trängt in på fingrets insida, i höjd med den yttre fingerleden...

Min pappa fick avlägsna det tunga blysänket från draget med avbitartången, vilket underlättade situationen något. Sedan försökte han sig på att försöka klippa av hullingen på gäddraget, för att därefter försöka dra ut kroken samma väg som den hade trängt in. Men det gjorde alltför ont, eftersom hullingen hade gått djupt in i fingern.

Visst var jag tuff, men inte så tuff. Det gick naturligtvis inte... hullingen fick sitta kvar...

Det fanns nu endast ett alternativ kvar på agendan, vilket var att åka till läkarmottagningen. Väl framme, fick vi gå förbi den vanliga kön, det räckte att visa fingret (nej, inte långfingret!), så blev folk tillmötesgående.

Ett barn med en fiskekrok i fingret prioriteras alltid högre än övriga mänskliga skavanker a la hemorrojder, flytningar, nageltrång, analklåda, eller vad nu än folk var drabbade av...

När ett barn som kommer in med en gäddkrona i fingret, vad tror ni händer i väntrummet då? Jo, någon lobotomerad åkersork ska naturligtvis göra sig lustig på min bekostnad och vräka ur sig kommentarer som:

Har du varit iväg och fiskat, hö hö? Fick du något napp?

En kommentar som störde mig mer än själva kroken i fingret. När jag omgående försökte förklara vad jag hade råkat ut för, avbröt pappa det hela tvärt, trots min strävan att försöka förklara situationen för den oförstående åkersorken. Jag förstod inte att mannen bara gjorde sig rolig på min bekostnad, min pappa fattade dock och lät förstå att mannen borde knipa käft. Åkersorken fick även det onda ögat på sig från de flesta andra i väntrummet och tystnar omgående.

Man driver inte med ett barn som har gjort illa sig, verkade den allmänna uppfattningen vara, vilket kändes sunt. Lobotomerade åkersorkar finns lite varstans i samhället och går tyvärr inte att göra så mycket åt.

Vi kommer efter ett tag in till läkaren, som det första han gör när han ser min prekära situation, med ett stort leende på läpparna, frågar om jag hade varit och fiskat... Suck!

Återigen försöker jag förklara vad som hade hänt... och återigen griper pappa in och stoppar det hela. Läkaren börjar då istället fokusera på själva skadan och vilka åtgärder som skulle till.

Eftersom skadan inträffade under juli månad fick jag naturligtvis en inhyrd läkare. Det var en dansk med en hel tallrik gröt i halsen. Det var därför omöjligt att höra vad han sa. När han pratade med mig, förstod jag absolut ingenting, något som närmast verkade irritera den okänsliga dansken till läkare. En okänslig gammeldansk var det!

Men efter att ha ryckt och slitit i kroken en bra stund, med stora smärtor som följd, tyckte läkaren att han skulle slita ut kroken med hulling och allt... utan bedövning, på råga av allt. Va...?

Men då blev min pappa faktiskt arg på läkaren och undrade vad i helvete han sysslade med...?

Efter denna humörsyttring bedövades fingret via en spruta, trots att läkaren inte verkade tycka att det behövdes. Sedan fick skalpellen göra jobbet och fiskekroken kunde separeras från fingret. Man sydde ihop såret med tre stygn och sedan inträffade det smärtsammaste med hela besöket, nämligen stelkrampssprutan, vilken sköterskan lyckades sätta rakt in i en nerv i armen.

Våldsamma smärtkaskader gjorde att jag skrek högt och ögonen tårades, något som verkade irritera sköterskan, som tyckte att jag skulle sitta still och vara tyst.

Det värkte som satan i armen, flera timmar efter stelkrampssprutan. Fingret var bandagerat i tre veckor, innan stygnen togs bort. Jo, det var så på den tiden. Trådarna drogs ut med tång efter läkprocessen... Under dessa tre sommarveckor, fick jag bada med en plastpåse över fingret.

Detta var inte första gången jag fick stelkrampsspruta, första gången inträffade redan när jag var 5-6 år gammal.

Man höll på att brädfodra om huset därhemma och det låg en mängd brädor med spik på marken. Jag var med och grejade, men jag var som sagt bara barnet...

Jag trampade ner de utstickande rostiga spikarna med gymnastikskorna och det gick jävligt bra, ända tills det inte längre gjorde det...

Naturligtvis trampade jag in ett rostigt spikhelvete i foten och givetvis blev jag förfärad över att haft sönder de nya gymnastikskorna. Skamsen ropar jag på mamma och när hon kommer ut förkunnar jag skamset att jag råkat ha sönder de nya gymnastikskorna.

Men mammas irritation över skorna försvann omgående, när hon insåg vad jag hade gjort. Vilket hon gjorde när jag lyfte foten och visade brädan med spik, som satt kvar i foten. Spiken hade trängt in genom skosulan och vidare in i trampdynan.

Spiken satt stadigt, med den rostiga spetsen, djupt därinne i fotens kött. Brädan satt kloss an på foten, likt en skida. Som en hästsko, fast bräda, ja ni fattar...

Men jag hade tur i oturen, för när spikeggen trängde in i foten, missade den alla senor, muskelfästen och skelettdelar. Spiken trängde endast in i köttet. Det var alltså bara ett simpelt köttsår...

Jag var 5-6 år och hade nu fått ett köttsår i foten, via en rostig spik rakt in i fotsulan.

Kommer ihåg att jag själv drog loss spik och bräda från foten, eftersom mamma tydligen blev mer upprörd, än vad jag själv blev. En normal unge hade naturligtvis grinat och skrikit i panik.

Inte jag. Men jag är inte som alla andra förstås... Jag drog därför ut spiken med bräda och allt, ungefär samtidigt som min mamma började gå bananas över situationen. Föräldrar är inte alltid till någon hjälp!

Jag hade givetvis ont i foten under den kommande veckan och fick inte längre trampa ner några spik med fötterna, det var mamma väldigt bestämd med. Det blev även ett besök hos doktorn för en stelkrampsspruta.

Men det var klart att jag fortsatte att trampa ner spik med fötterna, fast nu med träskor på fötterna. Då var det helt okej tyckte jag, och det var det väl också...

21.   När krigsleken inte längre var rolig!

Jag och två lumparkompisar var ute på uppdrag under ett krigsspel i det militära. Vi hade fått tydliga instruktioner om att inte komma in på fiendens territorium och absolut inte bli tillfångatagna, vilket man tydligen kunde bli.

Ja, ja, skit samma, typ! För oss var det bara en vuxenlek, även om det naturligtvis fanns allvarliga undertoner inflätade i själva leken. Vi övade ju för krig, vilket självfallet inte är någon lek. Men att leka krig är likt förbannat ett regisserat skådespel utifrån vissa förbestämda regler och parametrar. En seriös lek utan något skoj, skulle man kunna säga.

Men utifrån vår position var det svårt att leva sig in i allvaret. Vi hade blind ammunition i lasten, vilket betydde att vi körde runt på militär rekvisita i form av ammunitionslådor, fyllda med cement för viktens skull. Lådorna transporterades mellan olika förvalda destinationer och simulerade någon form av ammunitionslogistik. Det fanns ibland även lös övningsammunition med i lasten.

Efter många timmars körningar, där vi levererade och hämtade "ammunition" på olika platser, körde vi till sist käpprätt åt helvete. Vi var vilse...

Övningsområdet var till ytan stort och det var lätt att hamna fel. Den ena smala grusvägen, var ju den andra lik. Någon användbar skyltning fanns inte heller att tillgå.

Jag var föraren för dagen och med i hytten fanns mina kompanjoner. Tre viljor, varav en chaufför. Vi hade hamnat totalt ur kurs och var trötta, griniga, samt vrålhungriga.

Allt på samma gång och situationen var ansträngd. Målsättningen hade varit att komma tillbaka till förläggningen i god tid och äta där. Så blev det naturligtvis inte.

Magarna skrek av hunger, samtidigt blev vi alltmer irriterade på allt och alla (varandra). Vi var vilse mitt ute i spenaten och hade ingen aning om vi var vi befann oss. Vi hade nästan gett upp hoppet, när vi plötsligt såg en tältförläggning glimta till, lite längre fram mellan träden...

Hade vi äntligen hittat hem, eller...?

Kunde vi verkligen ha sådan förbannad bonntur, trots att vi var fullkomligt vilse? Var det ens möjligt?

Nej, det kunde inte stämma, det måste vara ett annat läger, men skit samma:

Vi åker dit och äter...

Det var många olika kompanier och trupper involverade i övningen. Det var folk som gjorde lumpen, repsoldater, reservare och hemvärnet, huller om buller om vartannat.

Skit samma, maten smakar säkert lika bra i detta läger, som hemma hos oss. Hungriga magar är inte speciellt kräsna. Men det är då vi ser att det är ett av fiendens läger...

Aj då, vi höll på att köra in i fiendens läger.

Det hade vi hört talas om. Hamnar vi hos fienden blir vi tillfångatagna och är ute ur krigsspelet. Inte bra! Så vad skulle vi göra nu? Personligen ansåg jag att matfrågan var överordnad allt annat. För mig fanns endast ett enda alternativ. Lumparkollegorna i lastbilen försökte avråda mig, men jag var alltför hungrig och irriterad. Lusten att leka en massa löjliga militärlekar fanns inte längre. Jag ville ha mat. Punkt! Dessutom var det jag som körde...

Jag körde därför lugnt in mot fiendelägret, trots ljudliga protester från passagerarsätet. Men jag hade bestämt mig...

Vi kom fram till lägrets infart, där det stod några beväringar och vaktade. De började viftade med sina k-pistar (med lösskjutningspipa) och tramsade sig, enligt krigsspelets uttalade agenda. Dessutom fick de för sig att vi skulle tillfångatas. Jaså, det trodde de?

Fienden hade kört rakt in i deras famn och nu vädrade man en stor triumf. Ja jisses, vilken triumf och vilket kap. Det var i alla fall vad de trodde...

Men då blev jag arg och förklarade att vi var hungriga, samt att jag inte var på lekhumör. De löjliga krigslekarna kunde fara åt helvete. Jag struntade väl i deras lösskjutningsvapen och visade dem att jag menade allvar.

Risken för en fysisk konflikt var därför överhängande om vi inte fick komma in och äta. Hade de försökt att fånga oss, hade vi givetvis försvarat oss, för hos oss var hungern, tröttheten och irritationen äkta...

Slagsmålet hängde i luften och det var fienden som hade hela avgörandet i sina händer. Ingen av oss hade naturligtvis bemyndigande att bruka något våld. Enligt spelreglerna skulle vi låtas tas tillfånga utan någon kamp. Det var ju bara en krigslek...

Men som sagt, jag hade klivit ut ur krigsspelet och reglerna gällde inte längre. Nu var det allvar. Vi var tre till antalet och vakterna två, men de hade i gengäld hela förläggningen i ryggen. Jag kommer inte ihåg hur mina kamrater resonerade, men jag var ytterst tydlig och dessa två bassar hade aldrig ensamma klarat av att fånga mig, eller mina kamrater.

De förstod till slut allvaret i situationen. De var precis som vi, bara vanlig kanonmat, och det fanns ingen anledning att bråka. Varför skulle de riskera att bråka med oss? Det ville de inte...

De visade istället vägen till mattältet och nu kunde vi äntligen få vår efterlängtade mat. Vi hade tagit av oss fiendebindeln för att få matro. Efter maten lämnade vi lägret och vinkade fredligt till fiendemanskapet som hade släppt in oss. Ingen annan märkte något. Eftersom det var så pass mycket folk i omlopp under krigsspelet, var det ingen som reagerade på några okända ansikten. Att fienden vandrade omkring mitt bland dem, var det ju ingen som trodde!

De som släppte in oss hade givetvis begått ett avsevärt tjänstefel och höll naturligtvis tyst. Om de blivit avslöjade hade de säkert fått kompaniförbud, straffkommendering, samt fan och hans mormor på sina ryggar och vi hade säkert inte heller gått lottlösa ur det hela.

Med mätta magar, lyckades vi ta oss tillbaka till vårt eget läger efter ett tag. Med ny energi i kroppen kom också tankeförmågan tillbaka, vilket underlättade hemfärden avsevärt. Vi blev sedan utfrågade av befälen, när vi kraftigt försenade kom tillbaka till lägret.

Hade vi sett till fienden när vi var ute och körde? De ville naturligtvis ha tips om var fienden kunde befinna sig, så att de kunde överfalla dem och vinna segrar i krigsspelet.

Nä, vi hade inte sett någon fiende, ljög vi! Fiende eller ej, man anger inte folk som bjuder på mat!

22.   Inte en jävel ska släppas in!

Vid ett annat tillfälle under samma krigsspel, blev jag utkommenderad som vakt. Jag blev instruerad av högsta befälet i vårt läger att inte släppa förbi en enda jävel. Fanns det ingen passersedel, skulle de inte släppas förbi. Punkt!

Det spelade ingen roll, ifall det var självaste kungen, eller fan och hans mormor som kom. Hade de inget passerkort, fick de vända tillbaka med oförrättat ärende. Punkt!

Jag ville självfallet ha lite mer detaljer om hur jag skulle agera, men budskapet var tydligt – håll käften och gör som du har blivit tillsagd... Punkt!

Helvete, jag blev sur som ättika, men kunde naturligtvis inte göra något. Det var bara att gilla läget!

Jag förstod vart det hela skulle komma barka och släppte därför genom det mesta som kom till lägret. Kollade bara när jag trodde att det fanns något befäl med i bilen, annars brydde jag mig inte. Efter några timmar kom det i alla fall några okända bilar, som jag stoppade.

Dessa bilar avvek på många vis. Det syntes på långt håll att det var något speciellt med just denna trebilskolonn.

Det var krigsspelets högsta befäl, med stab, som var ute och finåkte. De hade givetvis inga passerkort, vilket de inte ansåg sig behöva. De var ju inte med i krigsspelet och behövde "jävlar anamma" inget passerkort för att komma in i vårt läger, fick jag höra av storfräsarbefälet där i bilens baksäte.

Men ordern var glasklar, ingen jävel skulle släppas in...

Då tog det hus i helvetet, på allvar.

Krigsspelets högsta befäl skällde ut mig så att saliven sprutade ur den stora och breda käften. Han skrek så att trumhinnorna nästan sprack, när han undrade om jag visste VEM HAN ÄR?

"Du måste ju för helvete veta vem jag är?"

Nej, inte fan visste jag det!

Varför skulle jag?

"Men du måste väl FÖR HELVETE veta vem jag är?"

Nej, jag visste fortfarande inte!

Generalmajornissen (eller vad han nu var för något?) började nu bubbla av ilska och ansiktet tonade, mer och mer, mot en ketschupaktig nyans. Han var även på gång att skicka ut sina undersåtar från bilen (och följebilarna) för att göra processen kort med mig.

Gubbjäveln kokade av oförställd ilska, när han insåg att jag inte visste vem han var. Inte nog med det – jag brydde mig inte heller!

Han var förvisso krigsspelets högsta chef, men likt förbannat inte MIN chef. Varför skulle jag bry mig? Jag menade på att han lika gärna kunde vara rysk spion, eftersom han vägrade att legitimera sig. Nej, här skulle det "fan i mig" inte legitimeras...

Men jag sa att det inte spelade någon roll vem han var, för jag släppte inte in honom oavsett. Hade han inget passerkort eller kunde identifiera sig, kom han inte in. Punkt!

Men när jag sa, att inte ens kungen skulle släppas in, exploderade han fullständigt och gick fullständigt upp i atomer.

Kommer inte ihåg vad han sa, men vartannat ord var någon kombination av svordomar och resten var mer eller mindre ohörbart. Men nu orkade jag inte med mera trams.

Ja, åk in då...

De fick åka in, för jag lade ner det hela.

Fy fan! Stå och ta skit från en idiot till överste eller general, eller vad han var för något...

Gapa och skrika... stor i käften, men ingen hjärna, typ!

Jag hade mina order att lyda. Blir ändå idiotförklarad av ett befäl som istället borde ha uppskattat min starka ordervilja. Men naturligtvis ska storfräsare slippa följa de regler som de själva varit med att tagit fram. Hade detta varit ett skarpt läge i krig, hade jag aldrig släppt in dem. Fy fan, jag var less...

Jag gick därför upp i skogen, slängde brutalt k-pist och hjälmhelvetet i backen, för nu struntade jag i allt...

Lade mig på rygg i gräset och solade istället, totalt osynlig från vägen. Ta skit från en idiot till befäl som trodde att han var något, bara för att han var hög militärchef. Dum i huvudet och stor i käften, sanna mina ord. Han var säkert narcissist också... gubbjäveln!

Begriper inte varför man måste uppföra sig som en skitstövel, bara för att man är hög chef? Ett klockrent bevis på vad maktens strålglans kan ställa till med. Ett arsel, helt enkelt! Efter några timmar hade ett antal bilar kört in och ut i lägret, utan någon kontroll överhuvudtaget. Men skit samma, det verkade ju fungera lika bra oavsett.

Men nu hade jag lessnat kapitalt på hela skiten.

Hungrig och trött gick jag tillbaka till lägret, då visade det sig att jag var fullkomligt bortglömd, precis som vanligt.

Ingen visste var jag hade varit och ingen hade heller brytt sig. Befälet som hade beordrat mig till vakttjänstuppdraget, hade lämnat lägret flera timmar tidigare och ingen annan visste något. Typiskt!

Jag var som vanligt både övergiven och bortglömd.

De få som hade saknat mig, visste bara att jag var borta... men ingen visste varför. Militära meningslösheter på hög nivå, minst sagt...

23.   En kupp a la Jönssonligan!

Även denna berättelse utspelar sig i den militära världen och handlar om när jag och en kompis, frivilligt stannade kvar på regementet under en helg. Konstant natt- och helgpermission var annars det som gällde, förutom för de stackarna som hade helgvakten eller fått kompaniförbud. Även vid storövningar drogs permissionerna in, annars var det fritt att lämna regementet efter arbetsdagens slut.

Men nu hade jag och en kompis ändå stannat kvar över helgen, och detta för att hålla några andra kompisar sällskap. Ja, det var i alla fall den officiella förklaringen.

Akut pengabrist och ett planerat sent avslut på fredagen, hjälpte naturligtvis till i beslutet. Att åka hem flera timmar senare än vanligt på fredagen, samtidigt som man var helt pank, trött och omotiverad, kändes meningslöst. Visst fanns det en sambo därhemma, men ibland är man inget bra sällskap...

De två lumparkompisarna hade åkt på helgvakten, och gick på vakt enligt ett rullande schema (något som jag lyckades hålla mig ifrån under hela värnplikten). Nu var vi fyra stycken kvar på logementet över helgen.

Vad skulle vi hitta på att göra?

Det var långtråkigt och vi måste hitta på något. Uttråkade och godissugna var vi också. Pengar hade vi ju inga och det fanns inte heller några chokladkakor över från fältprovianten att knapra på. Men när jag berättade var vi kunde hitta chokladkakor, väckte jag ändå ett visst intresse hos de andra. Det var nästan bara att gå dit och hämta dem, ja, nästan i alla fall...

Jag hade nämligen kännedom om var chokladen fanns förvarad på regementet. Detta eftersom några stycken av oss, hade hämtat ut vår fältranson där, alldeles nyligen.

Inne på regementet fanns alltså en byggnad som var fylld (nåja!) med chokladkakor, som endast väntade på att få åka ned i våra magar (inte byggnaden då, puckon, utan chokladen... jisses!). Det fanns dock ett litet problem med det hela, chokladen var inlåst i ett förråd och dit hade ingen av oss nyckel.

Skit också, men problem är till för att lösas...

På något vis lyckades vi komma in i själva kompaniförrådet. Kommer inte ihåg om det var olåst för dagen, eller om vi hade "lånat" någon lämplig nyckel för ändamålet. Har dock en svag aning om att vi nog ändå "lånade" en nyckel för ändamålet.

Väl inne i byggnaden ställdes vi omgående inför nästa problem, hela proviantförrådet var innätat och på dörren... satt ett stabilt hänglås. Skit också...

Vi hade lyckats att forcera det första låset, det andra låset var dock värre. Denna nyckel kunde vi aldrig få tag i. Men ge upp... aldrig, nej, nej! Svenska soldater ger aldrig slaget förlorat. Nej, aldrig!

Att klippa sönder nätet eller bryta upp hänglåset var uteslutet, för då hade det blivit utredning, och det ville vi inte. Vi fick istället värka fram en alternativ lösning på problemet, där ingen åverkan gjordes. Nu brukar jag vara bra på att hitta lösningar på svåra problem, vilket blev fallet också denna gång. Att se möjligheter, där andra ser hinder, är ofta min grej...

Ett kreativt sinnelag är alltid bra att ha när man ska roffa åt sig ett gäng chokladkakor.

Kommer inte ihåg lösningen i detalj, men jag har för mig att vi lossade nätet från regeln närmast väggen, därefter fick sällskapets minsta person (inte jag) pressa sig in genom det nykonstruerade hålet, med nödvändig assistans från oss andra. Det var ju trångt och bökigt, men gick ändå vägen till slut.

Väl inne var det bara att lasta ut så många chokladkakor som vi ville ha med oss. Därefter återställde vi nätet snyggt och prydligt.

När vi hade lämnat lokalen, fanns inte heller några spår efter intrånget. Chokladen var försvunnen och ingen kunde se hur den hade försvunnit, än mindre när den hade försvunnit. Därefter smockade vi i oss choklad, så att vi nästan kräktes...

Någon vecka senare skulle nödproviant åter delas ut inför en övning. Då blev det plötsligt ett himla liv, eftersom chokladen inte räckte till alla som skulle ha.

Ingen visste vart den hade tagit vägen. Befälen misstänkte givetvis intrång och inspekterade lås och nät med argusögon, men några spår efter intrång kunde naturligtvis inte upptäckas. Ett mysterium, minsann!

Jag minns att jag skattade gott åt det hela. Vi hade genomfört den perfekta kuppen. Det var som en kupp utförd av självaste Jönssonligan...

24.   Självskadebeteende på egen hand!

Efter en storövning i lumpen plockade jag med mig ett antal knallskott hem. Jag hade även kommit över några andra, mer ovanliga objekt (aja baja!). Jag minns att jag skruvade isär någon slags grunka, vilken innehöll något som påminde om smällare med extrem kort stubin. Det var naturligtvis dessa jag ville åt (ännu mer aja baja).

Man tände på den extremt korta stubinen och kastade iväg smällaren fort som satan, man hade typ en halv sekund på sig innan det small. Smällen påminde om ett klassiskt tigerskott i styrka, eller kanske något starkare. Jag kunde även tömma grunkorna på deras svartkrut. Men vad jag skulle göra med krutet, hade jag ingen aning om?

Krutet var bara en biprodukt, något jag mer eller mindre, var ointresserad av. Det rörde sig volymmässigt om små mängder. Inte mycket att bråka om kan man tycka, men i krutmängd var det ändå fullt tillräckligt...

Det handlade inte om några blindgångare, utan det var nya överblivna och oanvända grunkor. Dessa skulle i normala fall ha lämnats in efter avslutad övning, men så blev det inte. Säkerheten och kontrollen kring denna typ av utrustning var närmast obefintlig.

Spontant åkte grejorna med av bara farten, det var aldrig någon planerad grej. Det skedde i skenet av ett ögonblick av grumlat omdöme. Nu tror ni kanske att jag var en blivande terrorist, eller en störd beväring med dold samhällsomstörtande agenda? Nej verkligen inte, jag ville bara killeka med de krutstinna leksakerna, något annat syfte fanns aldrig. Det skulle bara smälla lite grann.

Ett pojkbeteende som hade överlevt barn- och ungdomstiden och följt med in i vuxenvärlden.

Men det handlade aldrig om riktiga spränggranater, eller liknande... nej, nej! Inte heller vanlig ammunition, nej, nej!

Sådant tog jag ALDRIG med hem!

Jisses, någon måtta får det ändå vara på tokigheterna!

Nej, grunkorna var någon form av spårljuspjäser, av mindre format, alltså inget som var tänkt att explodera. Kommer inte ihåg exakt vad det var för grejor. Inget direkt kraftfullt, men likväl skarpa grunkor. Illa nog, får man ändå tillägga!

Här kommer berättelsen:

Det var lördagskväll, maj månad och tidigt 1980-tal. Det var varmt och vi skulle strax iväg på en lokal danstillställning på gångavstånd från föräldrahemmet.

Jag drack öl (och grogg) och måste ha varit ganska salongsberusad (allt är relativt) vid tillfället. Men nu satt jag där, lite lagom "go" i huvudet, drack öl och hade en liten hög svartkrut bredvid mig på stentrappan. Vad skulle jag nu hitta på för kul med krutet?

Ja, vad tror ni att jag gjorde? Vad hittade idioten i mig själv på i sin berusade hjärna?

Jo, jag tände på kruthögen?

Vilken bra ide! Är det inte märkligt vilka bra idéer man får efter några öl och groggar? Klockrena saker som alltid fungerar utan problem.

Nu hade jag åter fått en briljant ide i Nobelprisklass.

Jag tände på kruthögen med en tändsticka och jag överdriver inte, när jag säger att nästan hela högerhanden brann upp på kuppen. Aj!

Krutet brann explosionsartat - Puff!

Eldslågan och värmen var lika ögonblicklig, som intensiv.

Allt var över på sekunden och handen, ja den såg inte bra ut...

Ja, hur dum får man bli?

Jag minns att jag skrek högljutt att jag hade bränt mig och insåg samtidigt att något mindre bra hade inträffat. Idén kanske inte var så bra, trots allt?

Min äldre bror kom omgående utrusande och drog med mig till en vattentunna vid husknuten och tryckte ner den brända handen i vattnet, för att momentet senare, slita av mig den svarvade ringen jag hade på ett finger.

Något som i efterhand visade sig vara en klok manöver. Stor risk för fingeramputation eller omfattande operation annars. Ringen var tillverkad av en rostfri mutter och denna klipper man inte av i brådrasket, samtidigt som fingern svullnar över sina normala bräddar. För jag var inte direkt oskadd, så att säga!

Det sa puff... och högerhanden brann upp. Hela förbannade handen misslyckades i eldprovet.

Handens alla fingrar, förutom tummen, hade fått extrema brännskador. Brännskadeområdet sträckte sig från de yttersta fyra fingerlederna och fram till handens knogar. Detta var en allvarlig brännskada och skador av denna art resulterar i nittionio fall av hundra, alltid ett besök på akuten. Stor risk för komplikationer, värk, blodförgiftning, infektioner och annat förelåg givetvis. Brännskadans totalyta var ungefär i storlek som en traditionell snusdosa + ca 20 %, en ganska omfattande brännskada alltså.

Alla skinnlager hade förångats, men att åka till akuten kom aldrig på tal. Vi skulle ju för satan iväg på dans och roa oss, då gick det inte för sig att åka iväg till akuten. Dessutom fanns det ingen som kunde köra mig dit...

Skit samma och shit happens!

Jag struntade därför i akuten, trots att handen liknade en nyslaktad och illa grillad karrébit. Det var nog inte så farligt, tyckte jag... det blir säkert bra... till slut... någon gång. Kanske!

Det fick istället bli ett bandage runt hela handen, minus tummen, samt några värktabletter i förebyggande syfte. Sedan fick alkoholen jobba och göra sitt. För nu det var dags för fest...

Allt var under kontroll... nåja, kanske inte ändå!

Jag brukar inte åka till akuten i onödan (!), och tillbudet kändes i berusningen inte speciellt allvarligt (?). Lite värk fick man väl tåla, akuten fanns ju dessutom kvar nästa dag. Vad kunde gå fel?

Minns inga större problem, gällande brännskadan under kvällen. Dessutom var det morgondagens problem. Dagen efter blev jag tvungen att ta av bandaget, som nu hade geggat fast i själva såret. Det brände, sved och stramade. Högerhanden var nu, mer eller mindre, helt obrukbar.

Men att åka till akuten, kändes fortfarande inte nödvändigt.

Jag tog därför beslutet att vänta tills måndag morgon och låta undersöka brännskadan på regementets egen sjukstuga istället.

De accepterade ändå inte en sjukskrivning utan att deras egen läkare hade varit konsulterad, och då var det väl lika bra att vänta. Jag var ju tvungen att åka dit på måndag morgon oavsett. Lite av en sorts win win-situation att inte åka till akuten alltså!

Låter kanske konstigt, men det var så jag tänkte.

Handens fyra fingrar (och knogar) fick nu blåsor lika tjocka som själva fingrarna. Under natten sprack dessutom blåsorna och det blev plaskvått i sängen. Det kändes naturligtvis inte speciellt bra, med tanke på infektionsrisken och allt det där. Men det fanns väl penicillin om shit happens ytterligare?

Väl framme vid regementet på måndagen, gick jag omgående till sjukstugan, där den mottagande sköterskan mer eller mindre drog en djup suck av förvåning vid åsynen av den sargade handen. Den omfattande brännskadan var nu en enormt geggig, sårig och öppen krater, redo att invaderas av värdens alla ondsinta bakterier och virus. Detta kunde aldrig sluta lyckligt!

Jag utmanade ödet och risken att det skulle gå fullständigt åt helvete, var överhängande.

Sköterskan insåg givetvis allvaret i situationen och rengjorde brännskadeytan och därefter var det sterila penicillinkompresser som gällde de kommande två veckorna, med dagliga kontroller och byten hos sköterskan, förutom när jag var hemma på helgen. Då fick jag sköta om det hela själv. Risken för blodförgiftning och/eller infektion var tydligen överhängande fick jag veta. Okej!

Men jag hade ju bara bränt mig litegrann, tyckte jag själv. Visserligen var hela handen obrukbar och brännskadan omfattande, men det skulle nog gå bra... Jag borde naturligtvis, omgående ha åkt in till akuten fick jag veta. Men så blev det inte.

171

Men jag hade tur i oturen, som slapp blodförgiftning och infektion, märkligt nog. Naturligtvis frågade sköterskan vad jag hade råkat ut för.

Det var bara att ljuga ihop en historia om överblivna raketer från påsken, som orsak till det hela. Lögnen verkade hyfsat trovärdig, men sanningen hade garanterat gett mig en fällande dom i en militärrättegång, med tanke på alla lagar och regler, jag i min stora enfald hade brutit mot.

Nu är allt detta, tack och lov, preskriberat sedan många år.

Jag blev givetvis omgående befriad från alla vanliga militära aktiviteter, t.ex. en kompaniövning jag slapp medverka i. Istället fick jag åka runt med två befäl och agera flera enmans eldöverfallanfall på det egna bilburna kompaniet (Trossen).

Visst var det kul att ensam få attackera en hel bilkolonn med lösskjutnings K-pisten. Lite Rambo-action med en bandagerad hand kring K-pisten. De båda befälen skjutsade runt mig för de olika eldöverfallen.

Brännskadan läkte dock saktare än sakta, och eftersom vi var nära MUCK, fick jag dras med skadan också långt därefter. Det bildades tjocka sårskorpor som täckte området för brännskadan, och minsta närkontakt med dessa sårskorpor, genererade extrema smärtstötar som nästan golvade mig.

Problemet var att sårskorporna täckte fyra knogar och fyra fingerleder, vilket motsvarade ca 40 % av handens ovansida, räknat från handleden och utåt. Tummen var det enda finger med normal funktion, men givetvis råkade man även röra de andra fingrarna med jämna mellanrum, vilket genast genererade djupa sprickor i sårskorpan, ända ner till köttet. Aj! Smärtan var olidlig när sårskorporna sprack vid lederna, vilket hände typ flera gånger om dagen. Aj, aj, liksom!

Fick gå med högerhanden i ett bandage hela sommaren. Vid bad eller dusch fick handen dessutom placeras inne i en plastpåse, för den fick absolut inte bli blöt. Hela den primära läkeprocessen tog runt fyra månader, till detta fick man lägga ca ett halvår innan den begränsade rörligheten och värsta smärtan också hade avtagit.

Under hela denna tid fick vänsterhanden bli den nya högerhanden. Va... Fröken Höger...? Nej, inte så... Usch och fy! Hur tänkte ni nu? Hmmmmm!

Den nybildade huden var extrem tunn, öm och känslig, under flera års tid. Ärren efter brännskadan hängde säkert med bortåt 10-12 år, innan även de till slut bleknade bort. Jag trodde faktiskt under en period, att handen aldrig skulle läka till hundra procent. Det var i så fall priset jag hade fått betala för min oerhörda dumhet.

I efterhand har jag förstått att det rörde sig om en relativt allvarlig brännskada, vilket i normala fall hade krävt omgående akut läkarvård. Att då vänta ett par dagar innan man söker vård, känns otroligt dumt. Med facit i hand, var det nog rena turen att jag inte hamnade på intensiven.

Det var givetvis Murphy som tände på krutet, men resten var Skogstokigs eget fel. Jag måste naturligtvis stå för de egna misstagen. Men det är också genom de egna misstagen många lärdomar etableras. Jag är tyvärr bra på att göra misstag!

Hela mitt liv är som en essens gjort på ett koncentrat av Murphy med extra smak av Moment 22! Därför blir det ofta så här!

25.   Med smak av bensin!

Jag skulle slanga bensin till gräsklipparen från farsans Volvo PV. Men det gick som vanligt helt åt pipsvängen. Jag stoppade ner slangen i påfyllningsröret och sög kraftigt i slangens andra ände, inget konstigt så långt. Snart var bensinen uppe vid munnen och den perfekta häverteffekten var endast någon sekund bort och fortfarande inget konstigt.

Men just då råkar jag sätta något i vrångstrupen och hostar till. Tar samtidigt ett reflexmässigt andetag och sväljer på kuppen en klunk prima blyad 98-oktanig bensin.

– Helvete!

Nu ska jag inte överdriva mängden bensin, för det var i sammanhanget en mindre mängd.

Bara en liten klunk!

Bara en liten slurk!

Bara ett litet smakprov!

Men några centiliter bensin rakt ner i magen är faktiskt fullt tillräcklig, kan jag låta meddela! Det smakade givetvis inte speciellt gott. Jag spottade och fräste omgående ut det som gick, men jag hade redan svalt skiten, så det var för sent.

När jag satte i vrångstrupen (kan ha berott på de goa bensinångorna från bensintanken), aktiverades hostreflex och sväljreflex av bara farten. Tvi vale och fy fan...

Händelseförloppet var överstökat på någon sekund och jag inser omgående att jag hade svalt skiten, ja bensinen alltså...

– Helvete också, vad ska jag göra?

Man ska inte framkalla kräkning efter bensinförtäring, det visste jag. Mjölk skulle tydligen vara bra. Efter att försökt skölja ur munnen med vatten, klunkade jag därför i mig ett par glas mjölk.

Sedan hände inte så mycket mer och jag funderade på vad jag borde göra åt situationen? Jag kom fram till att det var lika bra att inte göra någonting alls, så länge jag inte mådde dåligt, vilket jag inte gjorde. Men jag drack ännu mera mjölk, bara för säkerhets skull, trots att jag normalt inte gillar mjölk.

Mjölken smakade dock bättre än bensinen.

Man kan tydligen få kemisk lunginflammation av bensin (och även andra allvarliga symptom), men det hade jag förstås ingen aning om, där och då. Jag kunde kanske ha ringt och frågat någon om råd. Så blev det inte heller. Jag brukar nämligen inte stressa upp mig i onödan. Självfallet fanns funderingar kring hur bensinintaget skulle påverka saker och ting i kroppen. Men...

... det var nog inte så farligt...

... det går säkert bra...

... det blir nog snart bättre...

Det fanns många varianter varför jag inte skulle göra något överhuvudtaget. Det brukar ju alltid ordna upp sig... än så länge i alla fall.

Så är det, det går bra, tills det inte längre gör det.

Det blir som det blir, när det inte blev som det skulle... Hänger ni med i resonemanget?

Bra, själv har jag tappat tråden för länge sedan!

Men vad visste jag om bensin, förutom att det var ett drivmedel som man inte ska dricka?

Det stora problemet var att jag rapade otäcka bensinångor i tre dagar. Det smakade vedervärdigt och halsbrännan var högoktanig, kan man säga. Halsbränna med vidhängande 98 oktanig bensinsmak, är inget att leka med.

Raparna både luktade och smakade högoktanigt petroleum, vill jag påstå. De var vedervärdiga att få upp i matstrupe, hals och mun. Halsbrännan från skärselden och raparna från helvetet. Usch och fy! Gå omkring och rapa petroleumgas i tre dagar, är inget man ens önskar sin värste fiende. Det var vedervärdigt "extra allt", på alla sätt och vis.

Varje rap genererade dessutom ett djävulskt hostanfall, parallellt med halsbrännan från helvetets domäner. Bensinångorna från magen retade "gallfeber de luxe" på luftvägar och matstrupe. Det var hemskt!

Man säger att lite skit rensar magen. Vad gör då inte prima 98 oktanig bensin? Magen glödtände och spikade i tre dagar. Fy fan!

Toabesöken var inte att leka med, för nu var metangasen uppgraderad till rena flygbränslet. Hög explosionsfara. Hade jag tänt en cigg när jag satt på toa, hade garanterat hela arslet exploderat och gjort hela omgivningen olycklig.

Enda liknelsen i livet, var när jag snapsade 60 % Strohrom i min ungdom. Bakfylleraparna dagen efter, var nästan jämförbar med den vedervärdiga halsbrännan från bensinsnapsen, där de smakstinna raparna och den extremt sura magen nästan var simultana. Men bara nästan, för det skiljde faktiskt ett par divisioner, trots allt. Om bensinen var allsvenskan, var Strohromen division två!

Men efter några dagar var det åter normal status igen. Därefter bytte jag strategi för anskaffande av bensin till gräsklipparen. Då hände naturligtvis en massa andra saker istället...

För summan av allt djävulskap är alltid konstant och tar man bort något, tillkommer genast något annat elände istället. Jo, jag vet att det går att köpa bensin på macken och ta med hem. Men vi gjorde inte så hemma hos oss, och då blev det som det blev istället.

Suck!

Ett tag senare (nästa sommar), när jag åter slangade bensin till gräsklipparen, hade vi dock förändrat förfaringssättet i grunden.

Nu startade jag bilen, lossade bensinslangen till förgasaren, och stoppade ner denna i en liten plastdunk (inte förgasaren då, utan slangändan... suck!), och därefter fick motorn gå tills den stoppade.

Sedan upprepades proceduren några gånger, tills jag hade fått en lagom skvätt till gräsklipparen.

JO, JAG VET ATT MAN KÖPA BENSIN PÅ MACKEN OCH TA MED HEM TILL GRÄSKLIPPAREN! JAG VET ATT MAN KAN GÖRA SÅ! MEN JAG GJORDE INTE SÅ... DÅ!

Vi startade denna nya tradition efter bensinsnapsandet året innan. Nu slapp jag svälja den illasmakande bensinen.

Denna risk var nu eliminerad.

Yes, nu hade man tänkt till och ibland blir det jävligt bra!

Men löser man ett problem, skapas genast ett nytt. Självfallet tappade jag taget om slanghelvetet och bensinen sprutade rakt ut på det heta grenröret. Naturligtvis började det brinna som satan i motorrummet. Klart att det skulle det börja brinna, det var då själva helv...

Satan!

Höga eldslågor slog upp mot den öppna motorhuven.

– Helvete, nu brinner det som satan i bilens motorrum!

Jag stängde snabbt av motorn, men det brann fortsatt. Stängde motorhuven för att kväva elden, men inte fan fungerade detta.

– Hjälp!

Det låg rejält med bensin kvar och slaskade runt vid ventilkåpan, samt i diverse andra skrymslen och vrår. Så länge det fanns bensin kvar, skulle det naturligtvis också fortsätta att brinna. Till hjälp hade bensinen även diverse gummislangar, elkablar, samt en del annat smått och gott, att tugga på.

Det fanns alltså brännbart kvar för ytterligare en stunds brasa.

Det enda positiva i sammanhanget att bilen var min egen.

– Helvete, jag måste få stopp på branden, tänkte jag hysteriskt och kom på att vi hade en brandsläckare inne i huset.

Sprang snabbt iväg likt en dopad iller, och hämtade släckaren. Halvminuten senare tömde jag hela skumsläckaren i bilens motorrum.

Elden slocknade och skadorna var förvånansvärt minimala.

Möjligtvis att bensinslangen fick bytas, samt att färgen på motorhuvens insida hade flagnat lite, kanske fick även någon elkabel första hjälpen av lite eltejp, men inte mycket mer än så.

Efter branden, började även vi köpa hem bensin i en plastdunk, till klipparen.

Vi visste att det gick att göra så och då gjorde vi så...

Efter detta upphörde alla incidenter kopplade till denna företeelse av någon konstig anledning.

Men några år in i framtiden skulle det faktiskt bli ännu fler bilbränder, orsakade av egen hög person, för då hade jag börjat rostlaga våra gamla skruttiga bilar.

Men detta är som man brukar säga, en helt annan eldsvåda!

26.   Nu brinner bilhelvetet igen!

Jag låg i garaget och svetsade rost på bilen. Det fanns ett antal grova rostangrepp som var tvunget att fixas innan besiktningen. Jag trodde i min enfald att det skulle ta runt tre-fyra timmar att åtgärda skiten, sedan fick man likt förbannat, ligga och laga rost i flera dagar. Så var det i princip... varje gång.

Rostlaga gammal skit är även lika med att spränga vinkelslipens kapskiva rakt i ansiktet (har hänt), att få in glödande metallsprut rakt ner i hörselgången, trots användande av hörselkåpor (har hänt), eller att nästan bränna ut ett öga av svetsstänk (har hänt), trots användande av goggles, (nej inte sökmotorn, pucko!), eller att tända eld på underredsmassan som sedan droppar ner på naken hud (har hänt flera gånger).

Nu låg jag åter där i helvetets förgård, och fixade med en omfattande rostskada på bilens vänstra tröskel. Jag hade kapat bort den rostskadade delen och höll på att punkta dit ny plåt, när jag får en stark förnimmelse om att jag genast måste kolla inuti bilen. Vet inte varför, men jag anade konstigt nog, att något var fel...

Jag öppnar bildörren och ser att det brinner.

– Helvete, det brinner inne i bilen!

Det hade tagit sig i plastkonsollen som täckte säkerhetsbältet precis vid dörrstolpen, och lågorna slickade nu glupskt mot den fårskinnfällsförsedda (!) förarstolen. Satan i gatan, inte bra! Men varför fanns det en fårskinnsfäll i bilen? Var jag fullständigt tappad och helt intelligensbefriad? Nej, men naivt vårdslös. Rostskadan var naturligtvis mer omfattande än jag först hade trott, därför räckte inte säkerhetsåtgärderna till på långa vägar. Oavsett, borde fårskinnsfällen ha avlägsnats redan som första punkt. Det borde jag ha insett under alla omständigheter!

Men hur skulle samhället se ut om ingen någonsin gjorde fel? Mängder av folk inom sjukvården, räddningstjänsten, polisen och försäkringsbolag hade givetvis blivit arbetslösa. Knappast samhällsekonomiskt på något vis. Nåja, åter till händelsernas centrum...

Ett svetssprut från MIG-svetsen hade letat in sig genom tröskeln och antände den anliggande plastkonsollen, vilket jag inte hade kalkylerat med. Likt ett stearinljus som konsumerar sitt stearin, tuggade den kraftiga eldslågan i sig plasten. Elden blev naturligtvis betydligt kraftigare av allt extra syre som tillfördes när bildörren öppnades. Eldslågan bredde ut sig och slickade girigt efter fårskinnsfällen.

Satan, nu var goda råd verkligen dyra. Det är möjligt att jag var dum i huvudet, men inte dummare än att jag förstod att det höll på att gå käpprätt åt helvete.

– *Jag måste göra något... NU!*

Jag släcker därför instinktivt den brinnande plasten med mina bara händer. Jag hade inte ens handskar på mig, när jag kvävde den brinnande plasten. Helt oskyddade händer, men inga brännskador överhuvudtaget, otroligt nog. Inte ett enda brännsår fick jag! Makalöst!

Givetvis hade jag varit vårdslöst naiv. Bilen kunde faktiskt ha brunnit upp, i alla fall om branden fått husera några få minuter till. Då hade garaget troligtvis åkt med på kuppen, och kanske även bostadshuset. Det ironiska i sammanhanget är, att endast någon vecka innan denna händelse ägde rum, hade någon i närområdet eldat upp sitt garage, just på detta vis. Man hade svetsat på en bil, som tog eld, därefter brann både bil och garage upp. Inte bostadshuset, men bil och garage strök med.

Hur urbota dum får man vara, tänkte jag då, och upprepade sedan misstaget rakt av någon vecka senare... Ja, hur dum får man egentligen vara?

Det var därför jag släckte elden med mina oskyddade händer. Jag förstod instinktivt faran med den uppkomna situationen, och löste problemet med det som stod till buds, alltså mina händer!

Jag struntade i eventuella brännskador, för konsekvenserna i den andra i vågskålen var betydligt värre än några sönderbrända händer. Händer läker väl ihop (för det har de ju gjort tidigare), medan ett nedbrunnit hem garanterat hade följt med i bagaget genom hela livet.

Jag redde ut situationen och lärde mig även en del matnyttigt på kuppen. Men elden hade orsakat diverse skador på bilen, som jag blev tvungen att åtgärda. Kabelhärvan som löpte från instrumentpanelen och motorrummet och hela vägen till bilens bakdel, hade naturligtvis smält ihop till en gigantisk megakabel.

Det tog ett antal timmar att frilägga varje enskild kabel och ersätta de sönderbrända kabelhöljena med flera lager med eltejp.

Vi pratar kanske om 15-20 elkablar, eller något liknande. Det gick därför åt några meter eltejp på kuppen. Till slut hade jag tejplagat (isolerat) alla söndereldade kablarna och elkabelkatastrofen var undanröjd med minsta möjliga marginal. Denna lagning fungerade sedan problemfritt, så länge jag ägde bilen (flera år). Jag åkte även till bilskroten med den delvis nedsmälta och deformerade plastkonsollen, och påtalade att jag ville ha en likadan. Säkerhetsbältet hade dock klarat sig och behövde inte bytas. Alltid något! När jag visar upp den defekta plastbiten för mannen på bilskroten, vräker han ur sig:

"Jaha, du har svetsat, ser jag... ha ha"

Helvete vad jag skämdes. Det var tydligt att jag inte var den första som kom till skroten i samma ärende.

Nästa gång jag svetsade samma tröskel på en annan Volvo 240 (inte samma tröskel då, ja ja ni fattar...), vidtog jag kraftfulla åtgärder. Jag hade lärt av misstagen, samt fått en lärorik utbildning i hetarbetets alla konster på mitt arbete. Därför var jag nu betydligt bättre rustad.

Jag ställde fram brandsläckare, en hink med vatten, jag frilade allt brännbart inne i bilen, skyddade kabelhärvan ovanför svetsstället, tog bort fårskinnsfäll och golvmatta. Jag blötte ner inuti bilen för att minimera brandrisken, och jag skyddade bilens insida med brandfiltar. Nu kunde det inte ta eld, det var omöjligt...

Vad tror ni hände då?

Jo, det började självfallet brinna även denna gång. Jag släckte dock elden innan något blev förstört.

Det var då själva helvete...

Det var lim, eller plastspackel från monteringen av bilen en gång i tiden, som spökade denna gång, samt brandfilten (!) som även den tog eld.

Denna gång sprayade jag på vatten, samt kvävde elden med en annan brandfilt (som inte tog eld). Jag släckte branden i brandfilten, med en likadan brandfilt som redan brann...

Att riktiga och godkända brandfiltar kunde ta eld var kanske otippat, men ska det jävlas, så ska det!

Jag fick omedelbart införa tätare kontroller, samt blöta ner insidan av tröskeln och golvet ännu mer. Tyckte att jag redan hade gjort allting i min makt, ändå räckte det inte till. Där ser man. Man lär så länge man lever...

Tack vare alla förberedande åtgärder var det aldrig någon egentlig fara, trots att det åter brann i bilen. Men i efterhand har jag ju förstått vilken enorm tur jag hade, när det brann första gången. Jag kan än idag, inte riktigt förstå hur jag lyckades reda ut situationen.

Gång efter annan fixar jag ändå sådant här på ren ryggradsreflex. Men jag lär alltid av misstagen och lär sig, det gör man ju under hela livet. Detta innebär förmodligen att jag kommer få hålla på med sådan här skit ända tills graven kallar på mig. Suck!

Nej, jag vill naturligtvis inte kremeras, för då uppstår säkert något tekniskt fel, som får den förbannade kremeringsugnen att explodera, och det vill jag naturligtvis inte!

27.   Mötet med DrakUlla!

Jag gjorde min militärtjänst på I17 i Uddevalla i början av 1980-talet. Sju och en halv månad som fordonsförare i ammunitionsgruppen på Trosskompaniet. Det finns naturligtvis många minnen från tiden som soldat i statens tjänst, även om alla minnen inte är av den specifikt roliga och underhållande sorten. Ömsom vin, ömsom vatten, precis som livet i övrigt. Givakt, manöver och eld upphör, nu marscherar vi...

Inför den obligatoriska tremilamarschen skulle vi ut och öva med full stridsmundering. Men hur går man egentligen tillväga för att träna inför denna besvärliga aktivitet? Jo, man promenerar naturligtvis halva sträckan iförd full stridmundring.

Tyckte man sedan att övningsmarschen var jobbig, visste man per automatik, att det blev dubbelt värre nästa gång. Kommer inte ihåg den exakta vikten på stridspackningen, men har för mig att det handlade om 23-25 kg, eller något liknande. Tungt och bökigt var det i alla fall, med ryggsäck, vapen, vattenflaska, och fältspade därbak på ryggen!

Det fina i kråksången var att marschen stärkte stridsmoralen ända in i det djupaste skoskavet, jajamän. Detta var dagsmarschen där alla obekväma kängor definitivt skulle knallas in och där skoskav av den allvarligare graden var en naturlig del av det hela.

Det måste göra riktigt jävla pissont, för när man gör män av pojkar, ska det fan i mig göra ont. Ta smärtan, låt fötterna dö en smula, och bli man på kuppen. Tugga smärta och väx upp för helvete! Det är en order! De som hade nya kängor att skava in, de fick verkligen lida pin. För det fanns alltid någon stackars djävel som hade bytt ut sina trasiga eller utslitna kängor inför marschen, vilket var extra dåligt i detta sammanhang. Stackare, deras skoskav De Luxe, var inget att leka med.

Nej, man ska verkligen inte leka med skoskav!

Renskav, nej!

Älgskav, nä nä!

Skoskav, jajamän!

Men alla fick skoskav i sann demokratisk anda och eftersom vi i Trosskompaniet var någon form av halvmalajer (eller möjligen elitmalajer!), var vi varken elitsoldater, stridisar eller några konditionstroll. Vi var i princip fordonsbunden kanonmat med diverse serviceåtagande på agendan.

Då spelar trasiga fötter mindre roll. Skit samma liksom!

Som halvmalajer var vi "the best of the rest", eller som att försöka göra en lyxmiddag av resterna från avfallshinken, i jämförelse. Det kunde se bra ut vid en första anblick, men smakade förmodligen skit...

Vi var klassade något högre än malajer, men alltför dåliga för att bli stridande soldater. Vår uppgift i krig, var mer eller mindre, att försöka undvika att brinna eller explodera i våra ammunitions- och tankbilar. Livsmedelsgruppen var de enda som var på den säkra sidan, trots mängder med ärtsoppa och kanonbullar i arsenalen.

Själv körde jag en automatväxlad Scanialastbil med fyrhjulsdrift, vilket var jobbigt värre, eftersom jag många gånger blev tvungen att köra lastbilen på stående fot (!), på grund av mina eländiga och värkande knän. Dessa var mina akilleshälar, fast de var mina knän... ja, ni fattar! Men tillbaka till den annalkande gångmarschen. Med broskfyllda och glappande knän redan från födseln, var bara tanken på militära gångmarscher ett problem. Det värkte ofta vansinnigt i mina knän och när jag belastade det högra alltför mycket, svullnade det upp.

Då liksom nu!

I lagom tid inför den uppiggande träningsmarschen, knallade jag därför över till sjukan på regementet för att få någon form av hjälp, inför den kommande marschen. Visste inte vad, men något måste väl kunna gå att få?

Det var inte konditionen och orken som var problemet, ifall någon trodde detta? Knäna var tvungna att hålla för dessa marscher. Det var illa nog med alla kommande skavsår, utan att även behöva bekymra sig över knäna.

Trodde i min enfald att jag skulle kunna få en knästrumpa, värktabletter eller något liknande?

Övningspromenaden kunde möjligtvis trixas bort på något sätt, men tremilapromenaden gick endast att slippa mot läkarintyg. Men läkarintyget sköt endast upp det hela. De få som ändå råkade bli sjuka, tvingades gå marschen i ett senare skede. I form av ett, eller fler uppsamlingsheat.

Alla var tvungna att gå tre mil och ingen jävel skulle slippa undan.

Punkt.

Detta var lika säkert som det obligatoriska skoskavet.

Eget dödsfall, frisedel, allvarlig skada eller sjukdom, med efterhängande komplikationer som omöjliggjorde uppgiften, var enda sättet att slippa undan. Något annat sätt fanns inte.

Därför fann jag det meningslöst att ens försöka få ett läkarintyg. Visst hade jag stora problem med knäna, men hade inte ens ett civilt läkarintyg, än mindre ett militärt.

Problemen var kroniska sedan födseln, men jag hade inte fått frisedel på grund av problemen, därför ansågs det inte heller vara något problem och detta var ett givetvis ett problem i sig. I alla fall för mig.

Det enda rätta var att försöka få tag i något hjälpmedel, som gjorde att jag kunde överleva dessa två marscher. Detta var målet för besöket på sjukan, inget annat!

Jag gick in till regementets sjukstuga och förklarade avsikten med ärende. Givetvis trodde jag att mina problem omedelbart skulle avfärdas. För detta var den information vi hade fått till oss.

– *Går ni till sjukan kommer ni att behandlas som simulanter!*

Den grundläggande inställningen var att alla som försökte få ett läkarintyg, automatisk skulle klassas som simulanter. När jag gick till sjukan, hade jag därför räknat med att bli utskälld och samtidigt bli betraktad som simulant.

Därför pratade jag aldrig om något läkarintyg, utan visade istället upp det svullna knäet för allmän beskådan.

Sedan gick det fort som satan!

Jag blev undersökt och inföst i ett sjukrum, där jag blev beordrad att klä av mig, samt att ta på mig någon form av primitiva sjukstugekläder. Jag blev därefter bryskt tillsagd att lägga mig i en sjuksäng, men jag förstod inte varför?

Jag var för helvete inte sjuk. Hade ju för bövelen sökt hjälp för ett svullet knä. Men min roll i systemet, var att hålla käften och lyda order. Hela min existens var förminskad till ett lydobjekt, vilket endast skulle göra som det blev tillsagt att göra. Håll käften och lyd!

Sjuksystern var av den gamla manshatande stammen och lika ödmjuk som en rabiessmittad iller med eld i röven. Sjuksystern från helvetet, var inget man lekte med. Hon ägde mig med hull och hår!

Så fort jag försökte säga, eller fråga om något, blev jag bryskt utskälld av helvetessystern. Otrevlig och fullkomligt folkilsken gapade hon på mig, och eftersom hon hade någon form av militär rang, sågs varje försök till protest från min sida som en potentiell ordervägran, vilket hon också klargjorde. Jag var körd!

Hon var som en eldsprutande drake från helvetets avgrund och vi kan därför fortsättningsvis kalla henne för DrakUlla.

DrakUlla var en hemsk människa!

Jag blev inlagd och nedbäddad i en sjuksäng, utan att jag visste varför? Det tog mig sedan två och en halv dag att ta mig ut från sjukstugan. Jag höll under tiden på att dö av ren tristess. Fanns ingenting att göra och nästan ingen att prata med.

Trist var bara förnamnet.

Den folkilskna DrakUlla gick inte att prata med, och några svar på frågorna gick inte att få.

Jag var totalt livegen och tankarna gick osökt till Tyskland ca 40 år tidigare, men även om jämförelsen känns totalt fel i övrigt, gick känslan ändå åt det hållet.

Man ryste ända in i märgen av situationen på grund av denna hemska människohatande varelse. Hon hatade mig innerligt!

189

Det var naturligtvis det svullna knäet som var orsaken till inläggningen. Idag, många år senare, löser jag samma problem, med hjälp av en medicinsk knästrumpa, inflammationshämmande värktabletter och minskad belastning under några dagar.

Men där och då, skulle man givetvis ta till andra metoder.

Skulle inte blivit det minsta förvånad ifall DrakUlla i detta läge, hade ha spänt fast mig med remmar i sängen och därefter sågat av benet, alldeles ovanför knät med en slö fogsvans. Givetvis utan bedövning och med ett hånfullt leende på läpparna i hennes, annars så osmakliga och fula, ansikte. Usch!

Andra dagen gick läkaren någon form av rond, där allt gick ut på att prata om mig, men inte med mig. När jag försökte säga någonting, fick jag omgående DrakUllas onda helvetesögon på mig och hon blev ytterst irriterad.

Vilket naturligtvis straffade sig senare, när läkaren hade gått sin väg.

Hon hatade säkert alla unga män. Vet inte varför, men det fanns säkert någon anledning. Hon var varken ung eller vacker. Hon var möjligen besviken på livet, eller så var hon arg och otrevlig av naturen. Jag vet faktiskt inte!

Senare samma dag, kom den argsinta DrakUlla in för att ge mig en spruta med okänt innehåll. Jag gillade inte sprutor rent generellt och jag ville därför veta vad sprutan innehöll? Men varför skulle jag överhuvudtaget ha en spruta? Naturligtvis brydde sig DrakUlla inte det minsta om frågor eller något annat, utan befallde mig på sitt normala bryska vis, att inte käfta emot. Sedan ryckte hon våldsamt tag i armen och letade frenetiskt efter en blodåder. Men varje gång hon stack in sprutan misslyckades hon kapitalt. Efter ca fem misslyckade stick med sprutan, tröttnade hon på situationen och stack bara in den stora sprutan och tömde den på måfå.

Men eftersom hon inte tömde sprutan i en blodåder, gjorde det naturligtvis svinont.

När jag reagerade på smärtan, blev hon åter irriterad på mig. Hon verkade sakna alla former av empati, men jag hade aldrig gjort henne någonting och förstod inte varför hon var arg och irriterad på mig hela tiden. Det var väl för satan inte mitt fel om hon var missnöjd med livet.

Jag kommenterade aldrig hennes fula anlete. Hon var faktiskt lika hemsk som hon såg ut.

Usch vilken hemsk människa! Hon verkade hata allt mänskligt liv, och i synnerhet mig. Det verkar tyvärr vara min lott i livet att agera mänsklig spypåse åt alla irriterade människor...

Men nu satt jag där med en totalt sönderstucken arm, som den värsta pundare, och armen värkte svårt efter den omilda behandlingen. Sprutan, oavsett vad den nu innehöll, gjorde naturligtvis ingen nytta.

Men det gjorde vilan.

Den våldsamt omilda och aggressiva sprutbehandlingen resulterade dock i att jag mer eller mindre befäste mitt ogillande för sprutor, för resten av livet. Jag hatar fortfarande sprutor...

Men till slut lyckades jag, trots fortsatta och konstanta problem med knäet, ändå att prata mig ut från sjukan.

Ja, det var läkaren jag pratade med, inte sköterskan från helvetet. Svullnaden hade dock avtagit en aning och läkaren tyckte att det var onödigt att ha mig inlagd. Nu hade jag också fått mig en välgörande spruta till livs. DrakUlla gillade naturligtvis inte beslutet, men sa inte emot sin överordnande.

När jag efter ett par dagars frånvaro, åter kom tillbaka till kompisarna på logementet, undrade givetvis alla var jag hade hållit hus?

Befälen visste troligtvis var jag hade varit, men inte de andra! En obligatorisk handgranatsövning, samt den käcka förberedande promenaden på femton kilometer hade jag lyckosamt missat.

Detta innebar att jag missade förmånen att ha fått kasta handgranat i det militära. Handgranatkastandet verkade dock ha avlöpt på ett ytterst kaosartat sätt, även utan min medverkan. Därför var det säkert lika bra att jag slapp ifrån detta spektakel. Ha ha!

Jag hade även klarat mig undan från övningsmarschen på femton kilometer, men hur blev det nu med den efterföljande tremilamarschen? Den måste ha blivit jobbig värre, eller?

Inte direkt, för när det blev dags att förbereda sig inför marschen, kom min Kapten och sa att jag inte behövde följa med.

Vad säger människan? Driver han med mig, eller...?

Först fattade jag inte vad han pratade om, sedan trodde jag att det handlade om något märkligt militärskämt.

Nej, icke!

Jag fick vara kvar hemma på logementet och ligga på sängen, medan de andra marscherade i sitt anletes svett och tillverkade högklassiga skoskav i världsklass. Mina krånglande och smärtande knän, hade alltså inte undgått min militära chefs argusögon. Jag hade aldrig klagat och gnällt över detta, men besvären hade ändå märkts. När jag blev inlagd på sjukan, blev detta också bekräftelsen på att besvären var lika autentiska, som kroniska.

Därför blev jag undantaget som bekräftade regeln om att alla djävlar måste gå marschen.

Jag slapp alltså gå tremilamarschen och detta helt utan läkarintyg. En bragd om något. Frågan om att slippa marschen hade aldrig dryftats. Jag försökte inte ens slippa undan, men slapp ändå undan.

Ja, ibland går det bra, trots att det inte går överhuvudtaget!

28.   Destination Borås: En studie i problem!

Den högljudda rockmusiken strömmar ut från högtalarna, lätt ackompanjerat av vindbruset från den framrusande bilen. Stereons blandband, i kombination med den varma och sköna kupén, har omvandlat den tråkiga resan till en skön roadtripp. En behaglig känsla av harmoni sprids genom kroppen. En lömsk illusion givetvis, för lika hastigt som oväntat, händer något mindre bra och situationen förändras...

Men vad är nu detta?

Vad händer?

Det kan inte... nej, det får inte vara sant!

Neeeeej!

... kolla, en avfart, jag svänger in!

Humöret fryser omgående till is och irritationen hänger i luften som istappar.

Jag hoppar snabbt ut ur bilen och sliter otåligt upp motorhuven. Det är då jag ser... ett märkligt fel där nere i motorrummet. Ett hånfullt flinande fel, som pekar sitt tykna finger mot mig.

Grrr, typiskt!

Varför ska världens alla möjliga och omöjliga fel, drabba just mig? Mig, mig och bara mig! Helv...

Frustrationen står som spö i backen och desperata tankar flyger likt jetplan i skallen...

Hur ska jag fixa det här... vid vägkanten, en mörk söndagskväll?

Helt omöjligt!

Hjälp mig någon...

Men för guds skull... någon måste ju hjälpa mig?

Den mentala tystnaden varvas med högljudda svordomar och egoistisk klagosång, givetvis till ingen nytta alls, men det är ändå skönt att få avreagera sig.

Satans skrotbil... nu startar du, annars blir det tvångsbogsering till skroten... Grrr! Passa dig du... skrothög!

Bilen, en gammal risig Amazon från 1968, har aldrig varit något tryggt resesällskap. En lynnig tonåring av värsta sort. Ibland tror jag att bilens inneboende väsen hatar mig, djupt och innerligt. Dessutom är doften av annalkande problem en stadigvarande medresenär på livets resa.

Och motflytet?

Det följde med moderkakan.

Nyfödd ligger jag på BB och känner av min osynliga motflytstvilling. Jag ser honom inte, men han finns där. I brist på annat kallar jag honom Murphy, efter mannen med sin dumma motflytslag.

– Du är min och bara min, för resten av ditt ynkliga liv, säger den osynliga tvillingen, högt och ljudligt!

– Nej, det stämmer inte, för han är mitt ansvar, säger en annan röst!

Men vänta nu! Två röster? Hur hänger detta ihop? Det hänger givetvis inte ihop på något vis, men är ändå ett fullbordat faktum. Livsresan tillsammans med ytterligheternas yin och yang, med mig själv hårt inklämd någonstans där i mitten, har tagit sin början.

Den osynliga problemmakaren märks tydligt genom sina suspekta handlingar.

Den andra osynliga motkraften märks dock inte lika tydligt, och är dessutom betydligt svårare att förstå.

Ja, hur hänger detta egentligen ihop?

Jag adresserar frågan till mig själv och väntar nyfiket på svaret...

Jag vet inte? Har ingen aning!

Men att det fyrhjuliga resesällskapet är i händerna på den osynliga tvillingen, det är en sak som är säker. Under inflytande av motflytsfaktorn kan bilen utan någon som helst förvarning, skruva loss ett dörrhandtag, få sidorutan att rasa ner i dörrens innandöme, få värmen att fastna på max under sommarens värsta värmebölja, eller få avgassystemet att lossna vid sämsta tänkbara tillfälle.

Men som om detta inte vore nog, kan bilskrället även få för sig att tappa vindrutetorkarna under århundradets värsta skyfall, eller välta förarsätets ryggstöd rakt ner i baksätets avgrund... mitt under pågående färd. Listan är ändlös...

Alltid ska det dumma bilskrället krångla och bråka, och nu har det alltså hänt igen.

Varför händer detta?

Vad ska jag ta mig till?

Men vad ända in i... Men... vad är det där? Och hur är det ens möjligt...?

Blicken fladdrar okontrollerat omkring, men det är svårt att fokusera på något annat än den fyrhjuliga problemhärden.

Det är då jag ser något ytterst märkligt. Bilen har på något egendomligt sätt lyckats haverera precis vid infarten till en bensinmack.

Helt sinnessjukt. Måste vara ödets ironi, alla kategorier. Jag drar ett glupskt andetag av den kalla kvällsluften och formar samtidigt en positiv tanke.

Reservdelar, det kanske finns reservdelar där?

Men, inte kan jag väl ha en sådan tur i oturen?

Nej, det kan väl ändå inte vara möjligt... eller?

Fan, jag måste ju ändå kolla!

Resan kan snart återupptas, för det omöjliga visar sig återigen, såsom många gånger tidigare, vara möjligt. Ingenting verkar någonsin vara omöjligt och alla problem löser sig, gång efter gång. Mycket märkligt! Alltid tur i oturen.

Några veckor tidigare hade jag bokat ett rum i Borås... totalt in blindo dessutom. Det enda jag visste, var att det handlade om ett möblerat hyresrum på tredje våningen i ett äldre, centralt beläget flerfamiljshus, men det var också allt. Allt var ordnat och vad kunde gå fel? Tyvärr det mesta, skulle det snart visa sig, men först över till något helt annat...

Varje fredag och söndag kör jag de 18 milen mellan studieorten och hemmet. Nu sitter jag åter i bilen, på väg mot Borås. Tankarna nuddar vid det märkliga fel som inträffade någon vecka tidigare. Strunt samma, detta är historia nu. Den regniga och trista söndagskvällen ackompanjeras av någon enstaka plusgrad.

Färden är starkt präglad av allt det där mörka som successivt bäddar in det omgivande landskapet, men jag känner mig trygg därinne i den varma bilen.

En överraskning rullar in och något oväntat händer. Samtidigt tar en märklig monolog form inne i huvudet:

Varför kommer en älg utrusande från skogsbrynet?

Dumma älg, högerregeln gäller inte för dig!

Hjälp! Jag måste göra något... vad ska jag göra?

Bromsa, för helvete, jag måste bromsa!

Men varför stannar inte bilen?

Dumma bil, dumma bromsar, dumma älg!

Satan i gatan, bilen kanar fortfarande framåt!

Men plötsligt har älgen rusat förbi...

Jisses, vad hände... är faran över nu, eller...?

Men vänta!

Nej, hjälp, nej...!

Återigen händer något oväntat...

Älgen får av oklar anledning ett psykbryt av guds nåde, vänder om och springer samma väg tillbaka.

Dumma älg! Varför, varför, varför...?

Förbannade bromsar, men stanna då för helv...!

Hjälp, vi krockar...

Den stressade älgen ramlar nästan omkull i sin iver att komma undan spektaklet den själv har orsakat.

Men nu står bilen tyst och stilla på vägen.

Pust! Vad hände?

Varför blev det ingen krock?

Hur kunde jag missa älgen?

Jag fattar absolut ingenting och lätt förvirrad kliver jag ur bilen. Några få lösa älghår i bilens front är allt som vittnar om händelsen. Bilen och älgen har alltså haft närkontakt, men mer än en hypotetisk kramkollision blev det aldrig. Krocken kom på skam och ångesten kan långsamt ventileras ut ur bröstet.

Pust! Nu var det nära... Jisses, vilken änglavakt!

Älgen brakar vidare i full panik där inne i skogen, fortfarande uppskrämd och skärrad.

Nu var det nära, men nära skjuter ingen hare!

Med denna klargörande insikt i färskt minne, återupptas resan mot Borås ...

Några veckor tidigare, när jag med ungdomlig naivitet i bagaget, kliver in i det hyrda rummet för första gången, tror jag att allt är under kontroll. Det centrala läget och den låga hyran bekräftar den positiva magkänslan. Tyvärr är det hela en bedräglig illusion av värsta art! Jag kraschlandar rakt in i verkligheten och den positiva magkänslan mynnar ut i ett blödande magsår. För det jag nu har klivit in i, är inte mindre än en formidabel katastrof.

Vad är detta... ett museum med en säng från forntiden... och hur ser sängkläderna och madrassen egentligen ut?

Så gamla och äckliga! Men var kommer oljudet ifrån?

Jisses, ett kylskåp... från medeltiden?

Varför kör man inte bara iväg skiten till närmsta soptipp, där det hör hemma?

Hjälp, rummet är ju hemskt!

Ta mig härifrån... nu!

Hyresvärden, en halvsenil gammal gubbe, visar stolt upp den organiserade misären och ångesten hugger djupt i mitt bröst.

– Här är toaletten, den ska du dela med din rumsgranne!

Dela?

Rumsgranne, vadå dela med rumsgranne? Vilken rumsgranne?

Senilgubben, iklädd en belåten min, ger inga fler ledtrådar utan försvinner hastigt därifrån. Uppgiften är slutförd och det perfekta rummet har fått ännu en nöjd hyresgäst... Mission completed.

Mina frågor, men vad händer med alla mina frågor?

Helvete!

Jag måste få svar på mina frågor?

Jag står som fastfrusen och huvudet bara snurrar.

Toaletten ser otroligt sunkig ut!

Hjälp... vilken osmaklig och äcklig dusch!

Ska det se ut så här?

Nej, verkligen inte, rena misären!

– VEM FAN ÄR DU OCH VAD GÖR DU HÄR?

Plötsligt står han där och iakttar mig med sin hårda iskalla blick. Den mystiske rumsgrannen synar mig ilsket från topp till tå. Han verkar arg.

Men vad är detta för en människa? Han ser ut som ett missbrukarproblem i kombination med en misslyckad lobotomi...

Fan, han ser precis ut som Norman Bates!

Jag sträcker fram handen för att hälsa, men den arga rumsgrannen är ointresserad av alla former av artighetsaktiviteter. Jag försöker förklara att jag är den nya grannen, men då släpper mannen loss hela sitt ogillande.

– Fan tar dig om du rör mina saker, och jag vill inte veta av att du inkräktar på mitt område. Du får inte röra någonting och inte ett enda ljud vill jag höra ifrån dig!

– Förstått, inte ett enda ljud? Håll dig undan!

Hjälp, varför är han så aggressiv? Måste jag verkligen vara helt tyst och osynlig hela tiden?

– Du varken rör eller flyttar mina grejor. Du ska bara vara helt tyst och inte störa mig... för annars...?

En verbal knytnäve rakt i veka livet och jag tappar fullständigt andan.

Han verkar hata mig.

Men varför hatar han mig? Och vad händer annars, ifall jag inte lyder honom?

Ja, det kan man alltid fantisera om, vilket jag tyvärr också gör.

Drömmer om mentalsjuka och knivbeväpnade psykopatgrannar, samt senilförvirrade pensionärszombies... under de tio minuter, jag lyckas sova den kommande natten.

Sängen hatar mig intensivt och jag hatar den lika mycket tillbaka.

Som grädde på moset i helvetets högborg, går inte toaletten med den gamla, lortiga och äckliga duschkabinen, att låsa.

Alla intima göromål på denna toalett går därför bort...

... jag vill inte duscha i Norman Bates äckliga dusch! Aldrig i livet!

I min enfald, hade jag trott att rummet höll normalstandard och inte var ett 30-40 år gammalt, nedslitet sunkigt pensionärsmuseum, med inbyggd ångestpotential av kolossalformat.

Hjälp, jag vill verkligen inte bo här... jag är ju för satan inneboende hos Bates föräldrar, med Norman själv, som närmsta granne!

Redan första kvällen i rummet knyter det sig i magen och ångesten, den bränner som koncentrerad saltsyra i mitt bröst.

Jag vill inte bo här! Det är hemskt! Jag vill verkligen inte bo här!

Redan första kvällen på rummet tar jag beslutet... *Jag måste flytta!*

Några dagar senare, har jag fixat fram ett nytt boende, med inflyttning redan nästkommande vecka. Bättre fly än illa fäkta. Jag vill inte bo inne i en skräckfilm!

Det nya boendet är något dyrare, i övrigt bättre i allt.

Nu ska jag bara säga upp det gamla rummet också...

Jag lyfter handen och låter knogarna distinkt smeka dörrfodret i en lätt knackning. Redan efter några sekunder öppnas dörren och senilgubben till hyresvärd, frågar omedelbart...

– Hur nöjd är du med rummet?

Nöjd? Varför tror han att jag är nöjd? Hur kan han tro att jag är nöjd med rummet?

Tror senilgubben att rummet är guds gåva till mänskligheten? Jag bor ju för fan i "rummet som gud glömde", förstår han inte det?

Tankarna orsakar stor oreda, men jag säger:

Jag trivs inte och ska flytta till ett annat boende!

Jisses, vad hände nu?

I samma ögonblick jag uttalar de magiska orden, förändras situationen i grunden.

Senilgubbens ögon börjar glöda av högoktanig ilska och han spottar ur sig en mängd svavelosande budskap, allt inlindat i renrasigt raseri:

– Din bortskämda slyngel, när vi var unga fick vi, jävlar anamma, vara tacksamma för det lilla vi fick! Då gick det, fan i mig inte, att vara en bortskämd slyngel! Din bortskämda lilla...

Hallå, vad har er uppväxt med mig att göra, jag förstår inte relevansen? Jag är inte nöjd med rummet och vill flytta härifrån...

Men häller man en dunk bensin över en redan flammande eld, blir reaktionen ofta våldsam. En flodvåg bestående av ilska, eld och hetta sköljer över mig. Jag ryggar instinktivt tillbaka, djupt överraskad av det våldsamma vredesutbrottet.

Högröd i ansiktet som en överkokt kräfta, spyr senilgubben ut en större mängd okvädesord och svordomar, rakt i mitt ansikte. Jag är än det ena och än det andra, men mest en stinkande dynghög av värsta sort. Jag ska veta min plats, veta hut, dessutom är jag bortskämd och oförskämd, eller möjligen allt på en och samma gång. Jag är tydligen fullständigt värdelös och det absolut värsta av det sämsta.

Visa respekt?

Nej, pensionärerna från helvetets förgård visar ingen som helst respekt och det känns meningslöst att ens försöka argumentera vidare. Svårt chockad försöker jag ändå värja mig...

Standarden är oacceptabelt låg, toaletten går inte att låsa och det opraktiska kylskåpet både slamrar och brummar! Det är hemskt!

– VET HUT, SLYNGEL!

Senilgubben kokar över och ilskan känner inte längre några gränser. Hustrun står hela tiden gömd bakom maken, och supportar mannens bedrövliga uppförande, genom att låta som ett dovt och avlägset eko.

– vet hut!

Men nu finns ingen återvändo, och jag säger därför...

Det finns inget matbord och det går inte att laga mat på en gammal primitiv kokplatta, placerad inne i en trång gammal skrubb. Att hämta vatten i en balja på toaletten och sedan hälla ut diskvattnet i toastolen, är inte acceptabelt på något vis. Det fungerar inte, jag kan inte ha det så här! Jag orkar inte!

Jag tar ett snabbt andetag och fortsätter...

Jag har även med mig en teve, men den går inte att titta på, för antennuttag saknas på rummet. Någon läslampa finns inte heller och rumsdörren går inte att låsa. Jag kan inte ha det så här!

Nattron på rummet är totalt miserabel, med tanke på den knepiga rumsgrannen, den olåsta dörren och sängen från helvetet. Den olåsta dörren innebär även att jag måste plocka med allt stöldbegärligt varje dag, för på dagarna är någon inne på rummet och snokar runt.

Jag frågar även om detta:

Vem är inne och rotar runt i rummet, när jag inte är där?

– Det har inte du med att göra. Det är vårt hus och vi går vart vi vill. Det var det oförskämdaste...

Men det får man inte. Jag bor där och ingen får gå in i rummet utan mitt tillstånd...

Man utmanar inte denna ilska ostraffat... men... *Sedan går inte toaletten att låsa och toastolen ser ut som en veritabel smittohärd från medeltiden, och tvättstället är fullt med ingrodd smuts!*

Senilgubben, nu röd som ett stoppljus i ansiktet, är på väg mot en känslomässig härdsmälta av värsta sort. Han vevar runt med käppen i ren frustration. Situationen känns direkt hotfull, samtidigt som hjärtinfarkten står redo i farstun, otåligt väntande på den argsinta mannen.

Situationen är kaotisk, minst sagt.

Obegripligt, vad har jag gjort för fel? Otrevliga och oförskämda står det gamla paret och gapar på mig. Kallar mig för en massa nedlåtande saker.

– DU ÄR BORTSKÄMD... OTACKSAM... ILLOJAL... HÄNSYNSLÖS... RESPEKTLÖS ... ELAK...!

Till sist ber de mig att fara och flyga på allvar... och jag vill inget hellre. Nu ville jag bara, en gång för alla, komma härifrån.

Bort från de otrevliga människorna.

Jag vänder paret ryggen och går min väg, och någon dag senare, tar jag också mina saker och flyttar därifrån för gott. Det gamla otrevliga paret håller sig, tack och lov, undan vid utflyttningen.

Men de står och smygtittar, halvt om halvt, gömda bakom gardinen. Säkerligen spyr de galla över den där bortskämda och otacksamma slyngeln som nu lämnar deras fina hus.

En riktig drömboning som kan beskrivas likt ett mellanting mellan skräckfilmspärlorna *"**Huset Gud Glömde**"* och *"**Psycho**"*!

– En sådan otacksam slyngel, förr i tiden kunde man verkligen inte...

Det nya boendet hade allt det där, som den första boningen saknade.

Jag öppnar dörren och kliver in:

Wow, en toalett med badkar, en säng med sänglampa, ett antennuttag till teven! Wow!

Med ivrigt sökande nyfiken blick, tittar jag mig snabbt omkring.

Yes, en diskbänk med varmt och kallt vatten, en riktig spis, och ett modernt ljudlöst kylskåp med frysfack! Wow!

Nu kan jag köpa hem mat och laga till riktiga måltider. Köksbord, jajamänsan. Underbart! Jösses, vad bra! Helt underbart!

En möblerad etta med kokvrå, på första våningen i ett vanligt hyreshus. Skillnaden är milsvid mot helvetesrummet jag nyss lämnat.

Nu kan det inte bli mycket bättre!

Hur kunde det bli så här bra?

Mycket märkligt!

Äntligen ligger det tunga och mörka bakom mig!

Men blev livet problemfritt? Nej, självklart inte!

För efter ett tag kom köldknäppen från Sibirien på besök. Det var redan vinter. Nu blev det ännu mera vinter.

Jag öppnar ytterdörren och kliver rakt ut i en vägg av iskyla. Det är i runda slängar minus 35 utomhus och allting känns besvärligt. Allt blir en utmaning och jag inser att bilens batteri troligtvis är urladdat...

Attans!

Sedan en tid har bilen varit behäftad med ett märkligt elfel, där själva felet innebär att batteriet måste kopplas loss elektriskt, eller laddas... varje natt.

Mycket krångel, men glöms det bort, är bilen ofta död nästa dag.

Orsak och verkan i ett nötskal, även om själva felorsaken är okänd. Den brutala extremkylan är på besök... och hemläxan inte gjord.

Attans igen!

Rysskylan är lika isande frisk, som skoningslös. Den tar aldrig några fångar och är alltid på blodigt allvar. Jag möts omgående av en iskall käftsmäll och i halsen är luftrören utbytta mot ihåliga istappar. Varje andetag är en extremt jobbig och rosslande kamp mot den fruktansvärda kylan.

Kallt!

Isande kallt!

Det är hemskt kallt!

Jag öppnar den tröga bildörren och gångjärnen skriker gällt i kylan. Jag känner på växelspaken och den saknar alla de distinkta växlingslägen, som man normalt förknippar med en växelspak.

Mmmm, det här känns inte bra!

Jag trycker ned kopplingspedalen, för att lägga ur växeln...

Men vad är nu detta... vad händer?

Kopplingen vägrar fjädra tillbaka och pedalen blir kvar nere vid golvet. Jag vet inte vad jag ska göra för att lösa problemet, men får ändå på något konstigt vis, ordning på det hela till slut.

Skönt! Men varför ens försöka starta bilen? Är jag verkligen så urbota dum? För det fattar väl vilken psykstörd dåre som helst... att det inte kan gå? Nej, klart att det inte kan gå!

Jag ignorerar de negativa tankarna och vrider om tändningsnyckeln...

Den varma och fuktiga andedräkten draperar vindrutans insida med ett färskt lager pansaris, samtidigt försöker bilen, lika envist som fruktlöst, att starta. Maskineriet protesterar högt och ljudligt i den intensiva kylan. Allt går trögt, tungt, segt och ingenting, absolut ingenting, tyder på att bilen ska starta. Men att batteriet inte redan var urladdat och tomt från första stund, är naturligtvis en gåta i sig? Tiden är knapp och allt annat än ett djupt misslyckande skulle förvåna oerhört. Det är mörkt, kallt och fullständigt olidligt.

Allt känns fullständigt meningslöst och ingenting fungerar. ...

... då startar bilen.

VA... BILEN STARTAR!

Det kan inte vara möjligt, för det är ju helt omöjligt!

Men ändå startar bilskrället.

Ett mirakel, sanna mina ord!

Motorn hackar och låter illa, men den går... Jag inser att motorn inte får stoppa, för den kommer aldrig att starta igen. Ett bräckligt mirakel kan inte upprepas, det ligger liksom i sakens inneboende natur.

En gång är ett mirakel, men två gånger... är något helt annat. Efter ett tag skrapar jag bort isen från vindrutan och påbörjar färden mot skolan, drygt 8-10 km bort.

Det blir ingen riktig fart på värmen inne i bilen och isskrapan får jobba intensivt under färden.

Normalt består klassen av ett tjugotal personer, men denna dag har endast tre personer dykt upp. Vi som trotsade kylan, får i stort sett, vända redan i dörren. Undervisningen är inställd och det finns inga lärare...

– Åk hem!

– Vad har ni här och göra?

– Åk hem mer er!

Efter den sibiriska köldknäppen, börjar vistelsen och studierna i Borås närma sig sitt slut.

Nu är det endast upploppet och en sista helgresa kvar.

Dags att koppla på autopiloten och köra...

Fredagseftermiddagen är vintrig och mörk när jag passerar den västgötska metropolen Sollebrunn.

Jag ser visaren för motortemperaturen rusa iväg och braka in på det röda varningsfältet. Inte bra alls.

Det måste vara termostaten som kärvar!

Jag stannar bilen och låter motorn svalna, bankar något frustrerat på bilens termostat och hoppas naivt att problemet nu är löst. Jag kör vidare...

Men det var väl själva ... Nej, det kan inte vara sant!

Temperaturvisaren smyger åter in på det röda fältet, men denna gång stoppar visaren inte på max, utan försvinner helt utom synhåll. Fan, nu räcker inte ens temperaturskalan till. Illa!

Nej, detta händer inte, det måste vara fel... på temperaturmätaren!

Men illa skulle snart bli värre. Bra mycket värre. Kylaren börjar stormkoka och skållhett glykolvatten sprutar okontrollerat ut.

Livet känns genast mindre bra och nu har det alltså hänt, det som absolut inte fick hända. Nämligen att den gamla och opålitliga bilen havererade.

Nu är det allvar!

Nu är det på riktigt!

Nu är det ingen lek!

Suck!

Hjälp...

Jag stannar och låter motorn svalna ännu en gång, ändrar därefter färdriktning och kör tillbaka samma väg. Detta är det enda möjliga halmstrå jag kan greppa. Situationen känns närmast surrealistisk och kanske är allt bara en dröm?

En mardröm kanske?

Naturligtvis är det en mardröm, men en verklig sådan.

Jag har mina aningar om vad som kan ha hänt därinne i motorn, men utan reservdelar är läget fullkomligt nattsvart. Tyvärr har nöden ingen lag och jag kör mot Sollebrunn med påslagna vindrutetorkare, samtidigt som det kokande kylarvattnet sprutar ut likt en frustande gejser.

Hela vindrutan kletas ned med skållhett glykolvatten...

Inte bra alls!

Återresan präglas av djup ångest och jag fruktar hela tiden att motorn ska totalhaverera. Spelar roll? Utan reservdelar och extern hjälp är det ändå kört.

De mörka molnen hopar sig alltmer på den dystra problemhimlen.

Hjälp, vad har jag gjort för att förtjäna detta elände?

Till slut är jag tillbaka i Sollebrunn. Verkstaden är tyvärr igenbommad för dagen och himlen blev i all hast ännu mörkare.

Hjälp, vad ska jag göra nu?

Desperat går jag planlöst in till grannfastigheten, vilket är en fabrik av något slag. Kanske finns det någon där som kan hjälpa mig?

Ett långskott kan tyckas, men vilka alternativ finns tillgängliga?

Kvinnan i företagets reception är konstigt nog nära bekant med verkmästaren på Volvoverkstaden och ringer genast upp honom åt mig.

Han bor nästgårds och kommer omgående över till min hjälp.

Helt otroligt, halmstrået fungerade!

Nu har det omöjliga hänt IGEN!

Det hela känns en smula overkligt. Inte nog med att mannen dyker upp snabbt som ögat, han är även otroligt trevlig och tillmötesgående. Jag är förvånad, glad och oerhört tacksam. Jag kör in bilen i den varma verkstadslokalen. Mannen bistår med allt jag behöver och lånar ut alla de verktyg som reparationen kräver. Men skruva i motorn, det får jag faktiskt göra själv. Men det gör jag med stor glädje.

Efter drygt två timmars gediget arbete, har jag äntligen skruvat klart och bilen är åter redo att axla uppgiften. Jag tackar den hjälpsamma mannen från djupet av mitt hjärta:

Tack!

Jag tackar även eventuella inblandade högre makter för hjälpen...

Tack!

Ännu en motgång i livet avklarad och även denna gång blev slutet lyckligt.

Märkligt hur alla problem kan lösa sig hela tiden?

Jag betalar för reservdelar och annat material, frågar sedan mannen vad han själv vill ha? Är givetvis beredd på att det ska kosta en rejäl slant. Han är oavsett, värd varenda krona. Förutom all praktisk hjälp, avsatte han flera timmar av sin privata tid en fredagskväll, och detta för en komplett främling utan minsta anknytning till orten.

Det är lika stort som imponerande. Jag frågar därför:

Vad vill du ha i ersättning för att du ställer upp och hjälper mig en fredagskväll?

– Jag vill inte ha något!

Va, du måste skoja, det är väl klart att du ska ha betalt?

– Nej, jag vill inte ha några pengar... jag vill inte ha något!

Men...

Otroligt märkligt, och jag kan knappt förstå varför han säger så...

Varför säger han så?

Jag vet inte...

Han är extremt principfast.

Jag förstår absolut ingenting, men några pengar vill han inte ta emot...

Ta emot pengarna för min skull, snälla! Köp kaffebröd till verkstaden, eller vad som helst!

Sedan tvingar jag på honom några sedlar i alla fall...

Men det är först nu, flera decennier senare, insikten drabbar mig likt ett knytnävsslag rakt i veka livet.

Plötsligt klarnar allt.

Polletten trillar äntligen ned.

Har man levt sitt liv i skuggan av en konstant Murphyförbannelse, kanske följande tankegods inte är någon djupare utflykt i pseudovetenskapens snårskog?

Men jag tror normalt inte på sådant här!

Men plötsligt förstår jag hur allt hänger ihop.

Den omtänksamma mannen på bilverkstaden var naturligtvis ingen verkmästare... Jo, mannen var förvisso verkmästaren i sin rent fysiska form, men det var någon annan som drog i händelsetrådarna och styrde själva förloppet.

En osynlig kraft i min närhet.

En osynlig kraft som alltid vill ställa mina problem till rätta.

Därför får Murphy heller aldrig någon revansch...

För detta är Murphys överman.

Då som nu!

Men vem?

Jo, en skyddsängel...

Min anti-Murphyängel!

29. Murphys tio budord!

1. *Optimism är brist på information!*
2. *Ser allting bra ut, är något fel!*
3. *Ingenting är lika lätt som det verkar!*
4. *Är det ändå lätt, är det garanterat fel!*
5. *Sakers naturliga tillstånd är att vara trasigt!*
6. *Murphy bor i alla detaljer!*
7. *Enkla fel är alltid början på svåra fel!*
8. *Om inget kan gå fel, har något redan gått fel!*
9. *Allting kan alltid bli mycket värre!*
10. *Det är aldrig för sent att ge upp!*

Tror man att Murphys hela existens kan inrymmas i dessa tio budord, har man nog inte fattat någonting! Se budord 1, 3, 6!

Förstår man hur allt hänger ihop, se budord 1, 2, 3, 4, 6, 9!

Själv brukar jag luta mig kraftigt mot budord nummer 10, men då gäller det även att ha koll på budord 3 och 9!

Ja, det blir många moment att hålla reda på, typ 22...!

30.   Epilog!

Murphys lag är lagen om alltings djävlighet. För om något kan gå fel, kommer det förr eller senare också alltid att göra det. Tro mig, jag vet! Som exempel blev baksidestexten på denna boks omslag raderad under redigeringen.

Men sedan gick det inte att skriva in texten på nytt. Varje gång jag försökte spara den nya texten, blev den genast raderad, gång efter gång. En bugg i BoD:s program var orsaken. För att kunna spara den nya texten, blev jag tvungen att backa i processen, ta bort hela omslaget, och sedan göra om allt från början.

Detta var dock ett fel som drabbade väldigt få kunder och de som blev drabbade, kunde ofta runda problemet genom diverse konstiga åtgärder som man fick lista ut själv. Kundtjänsten visste inte varför felet hade uppstått, eller varför endast ett fåtal kunder blev drabbade. Man visste inte heller varför de åtgärder som hjälpte andra kunder, inte fungerade för mig.

Men jag vet att... namnet på problemet var... Murphy!

Men nu är striden mot Murphy och alla hans illsinniga påhitt över för denna gång, men ha förtröstan kära vänner, för kampen är inte på långa vägar över. Men någon revansch, fick han ju inte, den gode Murphy... eller fick han det?

Det finns lösa planer på att ge ut en tredje bok i serien "*Den Skogstokiga Boken*", men hur det blir med detta, får framtiden utvisa. Kanske får Murphy sin revansch då? Till dess...

Må Murphy vara med er...

När

Man Tror

Att

Det Inte

Kan

Blí Värre,

Då

Blír Det

Ännu

Värre...